浙江文化艺术发展基金资助项目

PROJECTS SUPPORTED BY ZHEJIANG CULTURE AND ARTS DEVELOPMENT FUND

浙江文化
基因丛书

吴越◎主编

嵊泗渔歌

嵊泗文化基因

韩依妮◎编著

杭州出版社

图书在版编目（CIP）数据

嵊泗渔歌：嵊泗文化基因 / 韩依妮编著. -- 杭州：杭州出版社，2025. 1. --（浙江文化基因丛书 / 吴越主编）. -- ISBN 978-7-5565-2678-9

Ⅰ. G127.554

中国国家版本馆 CIP 数据核字第 2024AE8948 号

SHENGSI YUGE——SHENGSI WENHUA JIYIN

嵊泗渔歌——嵊泗文化基因

韩依妮　编著

策　　划	屈　皓	
责任编辑	杨安雨	
责任校对	陈铭杰	
装帧设计	卢晓明　魏君妮　屈　皓	
美术编辑	屈　皓　王立超	
责任印务	王立超	

出版发行　杭州出版社（杭州市西湖文化广场 32 号 6 楼）
　　　　　　电话：0571-87997719　邮政编码：310014
　　　　　　网址：www.hzcbs.com

排　　版	杭州立飞图文制作有限公司
印　　刷	天津画中画印刷有限公司
经　　销	新华书店
开　　本	710mm×1000mm　1/16
印　　张	15.25
拉　　页	1
字　　数	241 千字
版印次	2025 年 1 月第 1 版　2025 年 1 月第 1 次印刷
书　　号	ISBN 978-7-5565-2678-9
定　　价	68.00 元

"浙江文化基因丛书"编委会

"浙江文化基因丛书"序

习近平总书记指出："支撑5000多年中华文明延绵至今的，是植根于中华民族血脉深处的文化基因。"[①]浙江是中华文明的重要发源地之一，文化底蕴深厚，文化名人辈出。一叶红船从嘉兴南湖驶出，在时代浪潮中驭势而行；沿"唐诗之路"踏歌而行，千古诗篇回响在山水之间；还有良渚文化、宋韵文化、上山文化、黄帝文化、南孔文化、和合文化、阳明文化、丝瓷茶文化、古越文化、吴越文化……这些文化基因，共同铸就了浙江的"根"和"魂"。

2024年3月6日，浙江省文化广电和旅游厅印发《浙江省文化基因激活工程实施方案（2024—2026年）》，这是继2020年浙江省文化和旅游厅印发的《浙江省"文化基因解码工程"实施方案（试行）》《浙江省"文化基因解码工程"工作导则》和2021年8月浙江省文化和旅游厅印发的《建设文化标识推进文旅融合行动计划（2021—2025年）（试行）》之后，为更好担负起新时代新的文化使命，深入贯彻省委十五届四次全会部署，在全省实施的又一项文化基因重大工程。

---

① 习近平：《携手建设更加美好的世界》（2017年12月1日），人民出版社，2017年，第3页。

文化基因解码工程，是文化基因激活工程的坚实基础。文化基因，顾名思义，是指从文化形态切入，厘清其历史渊源、发展脉络、基本走向，从物质、精神、制度要素，语言和象征符号等进行分析、解码所提取的关键知识内核。文化基因解码，围绕中华优秀传统文化、革命文化和社会主义先进文化，按照3个主类、20多个亚类、约100个基本类型分别归档，确保历史年代、地理位置、流布范围等数据均记录在册，挖掘、研究、阐释优质"文化基因"，对全省文化资源进行全面梳理。这是一项集"查、解、评、用"于一体的综合性系统工程。全省开展90个县市区的文化基因解码任务，包括文化元素调查、文化基因解码评价、《文化基因解码报告》撰写、证据资料汇总保存建档等，并在此基础上建成"浙江文化基因库"。文化基因解码，起于"查"，终于"用"。"查"就是铺开"一张网"，广泛收集区域内的文化资源，作为"解"的对象。"解"重在找准四大要素，提取一组基因。四大要素是指物质要素（如原料、工具、环境等）、精神要素（如思想观念、群体性格等）、制度要素（如乡规民约、族规家规、礼节礼仪、表演技艺、创作技法等）、语言和象征符号（如方言、图形、标志、表情、动作、声音等）。通过对四大要素的分解梳理，遴选重点文化元素作为解码对象，从中提取出关键性的知识（技术）点。然后通过对选择的文化基因解码，从生命力、凝聚力、影响力、发展力四个维度进行质量评价。最终用基因塑造IP，以文旅IP开发作品、设计产品，以作品、产品点亮城市生活、赋能乡村振兴。浙江以文化基因为根、文旅融合IP为脉，打造了一条以城带乡、城乡互促的发展闭环，推动文化资源的"活化"利用，把解码成果与提高人民群众生活品质相结合,这就是"用"。以人文之美推动精神之富足,增强浙江高质量发展建设共同富裕示范区的文化自觉。

显然,文化基因是传承和创新的基石。文化基因作为一个社会文化系统的逻辑起点,是一个社会存在和进化、变革和发展的决定力量。文化基因解码就是要把社会文化系统中所表现出来的文化形态、思维方式、行动模式、礼仪符号、风俗习惯等加以还原,揭示其本初原因和底层逻辑。改革开放四十余年来,浙江出现了令人瞩目的"浙江现象",表现为快速的经济增长、蓬勃的发展活力、和谐的社会环境、显著的民生绩效。"浙江现象"源于浙江精神和浙江的文化基因。正确界定、充分挖掘浙江文化的内涵价值,解码浙江的文化基因,对于构建起有效支撑文化建设和旅游发展的"四梁八柱",推动文化建设和旅游发展各项指标持续名列全国前茅,着力建设新时代文化高地、中国最佳旅游目的地、全国文化和旅游融合发展样板地具有重要而深远的意义。

如何寻找突破口?各地在选"码"、解"码"、用"码"的整个闭环中,成立解码专项小组,构建"乡土专家+高校资源+系统人才"三方协作机制,高效推进解码工程。首批编辑出版的"浙江文化基因丛书"中汇集的富阳、南浔、南湖、绍兴、瑞安、平阳、苍南、普陀、岱山、嵊泗、定海、临海、南孔圣地、开化、常山、金华(经开区)、遂昌、云和、景宁、宁波江北等地的研究成果,正是在归纳总结、科学分析浙江文化基因的基础上,探索文化基因解码的方法和路径,同时从人类学、社会学的角度,运用现象学原理,在哲学层面进行解构、剖析,既有理论深度,又能方便应用。丛书勾勒出各地推进文化基因解码工程的概貌。成果本身的内容、方法、转化等，对各地都有很强的示范作用和借鉴意义。

可以说，"浙江文化基因丛书"中的成果，以浙江文化高质量发展为目标，以融合发展为重点，紧扣激活优秀文化基因，以文化基因的挖掘利用赋能文化事业和文旅产业发展，为我省文旅发展再上新台阶、为文化浙江建设贡献了力量。

叶志良

2024 年秋于杭州

目　录

前　言

　　碧海蓝天，壮美海疆。嵊泗作为浙江最东的海岛县，是浙江迈向蓝海时代的桥头堡，也是长三角文旅融合一体化发展的急先锋。南宋史书《宝庆四明志》记载："三四月，业海人每以潮汛竞往采之，……舟人连七郡，出洋取之者多至百万艘。"嵊泗海洋文化便是脱胎于耕海牧渔中。对一个移民岛来说，文化的起源永远丰富多样，从宁波、台州、温州沿海地区和岱山县迁居于此的先民，让各地文化艺术在此交融，经过祖先几百年的传承融合，这些早已成了嵊泗人自己的文化，而嵊山渔场的发展，使得嵊泗的文化基因更加多元。

　　梳理文化基因，是一个地区丰沃历史底蕴、寻找文化印记的必由之路。本书从200余个文化元素中筛选出"嵊泗渔歌""渔民画"等15个重点文化元素，寻径探源分析论述。璀璨的海洋文化基因需要挖掘传承，更需要激活发展。激活嵊泗海洋文化基因并活化应用，旨在发展嵊泗海洋文化，提升辨识度，壮大嵊泗的文旅产业。

　　时代变迁，光阴留驻，嵊泗文化基因的魅力亘古不变。嵊泗的文化基因是从远古到现代的回眸，在不断激活，不断转化的同时，这些历经岁月的基因也塑造了新时代嵊泗的生命力和精神内核，期望更多的人了解嵊泗海洋文化，更好地传承嵊泗列岛的文化基因。

陆莹

2024 年 3 月

嵊泗渔歌

嵊泗渔歌 嵊泗文化基因

嵊泗渔歌

  嵊泗渔歌的形成已有九百多年历史,北宋熙宁年间(1068—1077)嵊泗就有众多渔人集居,渔业已具相当规模。在没有机械工具、科技手段的农耕社会,渔人们出海捕鱼,起锚扬帆、拔网摇橹,一切劳动都得靠自身的体力来完成,遇到强度大的繁重劳动,还得靠众人共同完成,这就需要用口令将众人的动作一致,以形成合力,于是渐渐地产生了渔歌号子。最初,渔歌号子只是一种简单的叫喊,后来由于无数次的重复和文字语音的影响,逐渐有了音乐,最后才形成了有节奏、有乐谱、有文字、有名称的渔歌号子。

  嵊泗是地道的海洋大县,渔业资源十分丰富,浙江沿海地区(温州、台州、宁波)的渔民纷纷来嵊泗捕鱼定居,渔人越来越多，各种文化在此碰撞、交融，使得渔歌的种类和表现形式日渐丰富。

20世纪初至70年代，是嵊泗渔歌的鼎盛时期。那时渔业生产发展速度快，渔业作业区域不断地向外海延伸，生产工具升级，劳动强度加大，渔歌号子的使用就更加频繁；加之嵊山渔场每逢冬季带鱼汛，全国沿海省市有十万渔民在嵊山渔场汇集，南腔北调的渔歌号子大量涌入，智慧的嵊泗渔民去芜存菁，博采众长，大大丰富了嵊泗渔歌。

进入21世纪以后，县文化部门、音乐干部做了大量的挖掘传承工作，成效明显，改编、创作的嵊泗渔歌频频获省级、国家级奖，受到国内专家的充分肯定，并两次赴京到央视、奥运文化广场表演。嵊泗渔歌正式成为嵊泗文化的音乐名片，逐渐走向新的繁荣。

一、要素分解

（一）物质要素

1. 丰富的海洋渔业资源

嵊泗水产资源丰富，海洋渔业优势明显。嵊泗县地处舟山渔场中心，海域辽阔，水质优良。嵊泗的渔业资源大致可分为三类：一是沿岸渔业资源，主要有鮰鱼、银鱼、鲚鱼、鳎鱼、梅童鱼、黄鲫、龙头鱼、石斑鱼、海蜇、梭子蟹、虾类等；二是近海渔业资源，主要有带鱼、小黄鱼、鲳鱼、鳓鱼、鳗鱼、鲵鱼、马鲛鱼、蓝圆鲹、金色小沙丁鱼以及墨鱼等；三是外海渔业资源，如马面鱼、短尾大眼鲷、黄鲷、舵鲣、鲐鱼、竹筴鱼、枪乌贼等。因此，嵊泗海洋水产资源丰富，有"天然鱼仓"

之称，是全国十大重点渔业县之一，以海洋捕捞业、海洋养殖业、水产品加工业为主的海洋渔业经济不断壮大。

2. 海洋环境和原始生产工具

嵊泗是地道的海洋大县，渔业资源十分丰富，在没有机械工具、科技手段的年代，渔人们需要靠号子、渔歌来鼓舞士气，形成合力，并为枯燥、艰苦的捕鱼工作润色。

最初的渔民号子只是简单的叫喊，如《抬网号子》，古时没有尼龙塑料，渔网都是用麻类植物的纤维线织成的，为了防止渔网被海水腐蚀或减缓其腐烂速度，渔民要把渔网浸泡在热乎乎的牲口鲜血里，然后抬到山上或岩石上晾干，方可下海捕鱼，《抬网号子》就是在这个过程中喊的。渔民们抬着沉重的渔网，走在崎岖的路上，他们喊着号子，帮助自己忘记疲劳、继续劳动。后来逐渐产生了乐音，并加入

号子当中，最后才形成了有节奏、有乐谱、有文字、有名称的渔歌。再比如《摇橹号子》，古代的渔船大多是帆船，海上若是没有风，船就不能开动，这时只能通过人力摇橹，《摇橹号子》就是渔民们在摇橹时喊的，后来发展成为一首非常好听的劳动号子，再后来加入音乐形成渔歌。再如《拔篷号子》，旧时的木帆船上有两三道篷，一道主篷通常有六七百斤重，需要十来人齐心协力才能拔起来，这时需要一人喊号子，众人齐拔篷。后来号子慢慢地演变成了渔歌。

（二）精神要素

1. 雄浑激越、飘逸洒脱的海洋文化特征

嵊泗渔歌特色十分鲜明，其形成与渔民的经历密切相关。渔民文能观日月看云霞，知风来雨往、潮落潮涨；武能踏波峰踩浪尖，似闲庭信步、捞得满舱鱼虾。渔民的每一个劳动状态、每一句生活语言和每一串乐音歌符，都透射出一种强烈的、鲜亮的海洋文化特征。因此，嵊泗渔歌或雄浑激越，似风浪劈头盖脸；或飘逸洒脱，似扬帆驰骋海田；或情意缠绵，似海浪亲

吻船舷；或悠扬酣畅，似螺号欢奏丰年。聆听嵊泗渔歌，你能呼吸到海岛独特的气息，感受到渔人坦荡的胸怀和大海澎湃的波浪。

2. 崇善尚义的海岛人性格

嵊泗地区的人们自古以来一直有着崇善尚义的海岛人性格，这种性格表现在渔民对大海的敬畏，对生活的热爱，以及对亲人、邻里的关爱。

对大海的敬畏与感恩：嵊泗渔民在长期的海上生活中，对大海有着深厚的敬畏之情。他们深知大海的神秘与危险，对海洋表现出一种尊重和感恩的态度。这种敬畏之情不仅体现在口头的表达中，也通过渔歌等文化传承表达出来。

对劳动的认真与勤奋：嵊泗渔民的生计依赖于对海洋的劳动，他们以认真、勤奋的态度从事捕捞工作。面对海上的艰难和不确定性，渔民们展现出顽强拼搏的精神，在劳动中保持着一种尊严和责任感。

热爱生活与豁达乐观：嵊泗人热爱海洋生活，对自然的美好和生活的琐碎都怀有感激之情。他们常常展现出一种豁达、乐观的性格，即使面对风浪，也能以平和的心态迎接，从容面对生活中的各种挑战。

重视家庭和邻里关系：嵊泗人注重家庭和邻里关系，体现了一种亲情和邻里之间的互助精神。在艰难时刻，渔民们常常互相支持，形成了一个紧密的社区，共同面对着海上的风雨。

对非物质文化的传承：嵊泗渔民通过渔歌、渔船上的手艺等，传承着丰富的非物质文化遗产。这种传承表达了对传统文化的珍视，也体现了他们对岛屿生活方式的认同。

总体而言，嵊泗地区的海岛人性格体现出他们对大自然的敬畏、对劳动的认真、对生活的热爱和对亲人邻里的关爱。这种崇善尚义的性格是嵊泗地方文化的一部分，也为当地社区的和谐发展提供了坚实的人文基础。

3. 乐观豁达的海上渔猎精神

嵊泗人以其乐观豁达的海上渔猎精神而闻名，这一精神在他们的生活、工作以及文化传承中都得到了淋漓尽致的体现。

嵊泗的渔民常年在波澜壮阔的大海上谋生，面对自然的不可掌控因素，他们表现出乐观向上的态度。无论是风浪还是丰收，嵊泗人都能以平和的心态去迎接，从容应对各种挑战。这种积极心态不仅使他们更好地适应海上生活，也帮助他们在困境中找到希望，展现了顽强拼搏的坚韧品质。

嵊泗人对大海有一种深厚的敬畏和亲近感。他们在海上谋生，深知海洋的神奇和危险。这种对自然的敬畏并没有让他们畏惧，相反，他们通过对大海的了解和尊重，形成了一种与海洋和谐相处的精神。渔猎工作需要对海洋环境的敏感和深刻理解，嵊泗人在这方面表现出色。

在嵊泗的海上渔猎文化中，团结协作是其中一项重要的价值观。渔民们通力合作，共同面对大海的挑战，形成了一种集体主义的工作精神。在海上漂泊的日子里，他们相互扶持、共同奋斗。这种集体主义的精神不仅在渔猎工作中体现得淋漓尽致，也渗透到了嵊泗人的日常生活和社会文化中。

嵊泗人对海上渔猎不仅有对工作的热爱，更充满了对生活的热爱和享受。他们在广袤的海域中，感受到大自然的奇妙和宽广，从中汲取生活的乐趣。这种对生活的热爱使嵊泗人对海洋文化有着更为深厚的感情，也传承了海上渔猎的精神内核。

嵊泗人乐观豁达的海上渔猎精神，不仅是他们在海上求生的必备品质，更是一种对大自然的尊重和对生活的积极态度。这一精神的传承和弘扬，使嵊泗的海洋文化更加独特而鲜活。

（三）制度要素

1. 以劳动、风土、生活为主的渔歌体系

嵊泗渔歌作为民间口头文学，是古往今来渔民们内心真情的自然流露和劳动生活的真实写照，反映着嵊泗的民情习俗、历史变迁和社会风貌，彰显海洋本土文化，具有强烈的生活气息，形成了以劳动渔歌、风土渔歌、生活渔歌为主导的渔歌体系：

第一，劳动渔歌。传统的海洋捕捞业生产任务十分繁重，无论是渔船出发时的拔船、起锚、升篷，洋面捕鱼时的撒网起网、收鱼，还是舟船行驶中的摇橹、撑篙，渔船靠码头后的挑舱、过鲜，以及岸上的船只修理、晒网补网等，都需要渔民团结合作、同心协力才能完成。为了集中用力，统一节奏，缓解疲劳，渔歌号子就从最简单的"嗨哟、嗨哟"声中诞生、延续、演变。如《嵊山柯带鱼》中道："……潮水好，快出网叫子曜曜吹几遍。伙计快爬起，大网甩落去，网船偎船上纲下纲根根兜得齐，拔网全靠手劲韧，哪怕黄汗答答淋……"

第二，风土渔歌。风土类歌谣地域特征鲜明，乡土气息浓厚，对地方历史和民俗文化的研究具有重要意义。它主要介绍海洋渔业地区的地理生态、时令节气、潮汐气象、海航线路等自然风土，不仅富有浓郁的海洋气息和渔乡风情，而且蕴含深刻的人生哲理和生产、生活知识。以舟山渔歌为例，许多风土渔歌是渔民专为传授海洋渔业生产知识而创作，是海洋渔业劳动的经验记录。它以"大海"为主题，运用形象化的艺术手法，把海洋航行、海洋生活、海洋气象，以及渔船工具、鱼类习性、船员分工等知识，编创成一首首通俗易懂的风土渔歌，通过口头传授的方式，赓续不断。多少年代以来，孤悬海外的岛礁渔民凭借风土渔歌，学习渔业知识，掌握作业技能，战天斗海，顽强生存。如《海山谣》中描述了嵊泗诸岛的风貌："……花鸟：胡须冰白，难识花鸟港水法。……菜园：菜园对过小金鸡，青沙后门直壁坎。……五龙：五龙对面是黄龙，六井嘴潭潮水涌。"这类渔歌便于渔区人们快速掌握丰富的风土、渔获知识，满足了渔民的实际生产需要，具有鲜明的知识性和地域性特点。

第三，生活渔歌。生活渔歌的范围非常广泛，主要反映渔区人民衣食住行、劳动生活与所处社会环境。昔时，传统渔业生产工具和生产方式长期处于比较落后的状态，生产力水平十分低下，加上变幻莫测的恶劣海洋自然环境以及社会黑暗势力的层层压榨盘剥，渔民经常挣扎在死亡线上。因此，浙东渔歌中有不少反映渔民悲苦生活的渔歌，比如嵊泗大洋流传的渔歌《和着眼泪囫囵吞》中这样描写渔民的悲苦生活："小囡卖给峙头人，小团卖到沈家门，换得番薯干两百斤，和着眼泪囫囵吞。"新中国成立后，也有反映渔民新生活、抒发渔民喜悦情、歌颂共产党的新渔歌。

除了以上列举的劳动渔歌、风土

渔歌、生活渔歌,嵊泗渔歌还有仪式歌、情歌、历史传说歌、儿歌和其他歌谣几类,都充满着浓郁的地域特色和丰富的海洋文化内涵。

2.兼具教化和娱乐功能

嵊泗渔歌通常以口头传承的方式流传,歌词中融入了丰富的历史文化元素。这些歌曲不仅记录了渔民们世代相传的渔业技艺和海上生活的点滴,还反映了历史的变迁,传承了嵊泗的地方文化。通过歌曲,人们可以了解渔民的生存智慧、历史传统,实现对历史文化的教化功能。

嵊泗渔歌中常常融入渔业技艺的教育元素。歌词中描述海上的风浪、渔民的劳动场景、渔具的使用等细节,起到了传承和教育渔业技艺的作用。年轻一代通过渔歌,可以更好地学习和理解渔业知识,提高对海上生活的认知。

嵊泗渔歌在形式上更接近歌舞表演,配以舞蹈、乐器等元素,具有很强的娱乐性。在节庆、庙会等场合,渔歌常常成为一种受欢迎的表演形式,吸引大量观众。歌手们通过生动的表演形式,生动展示了渔民的生活场景,使观众在欣赏时感受到愉悦。

渔歌通过朗朗的歌声,传递着渔民们对海洋的深情厚谊、对家乡的眷恋之情。歌词中蕴含着丰富的情感,既有艰苦劳作的坚韧,也有对自然的敬畏和对生活的热爱。这种情感传递具有社交功能,渔歌成为渔民们交流感情、增进彼此之间情感纽带的媒介。

综合来看,嵊泗渔歌通过形式多样的歌唱、舞蹈和乐器表演,不仅具有传承历史文化和教化的功能,还兼具娱乐、社交等多重功能。这种丰富而多元的表达形式,使渔歌成为嵊泗

地方文化的独特代表，也为当地社区的文化传承和交流提供了有效的媒介。

3. 丰富的唱词、唱腔表现形式

嵊泗渔歌以其丰富的唱词和多样的唱腔表现形式而备受推崇，这体现了嵊泗人深沉的海洋文化和独特的表演艺术。

多样的歌词题材：嵊泗渔歌的歌词题材非常多样，涵盖了海洋、渔业、生活、爱情、家乡等丰富的内容。歌词中融入了对大海的敬畏、对家乡的眷恋、对爱情的憧憬等丰富的情感，形成了丰富多彩的歌词世界。

生动的描绘和富有想象力：渔歌歌词生动描绘了渔民生活的场景，通过对自然景色和海上工作的描写，使人们仿佛置身于渔民的生活之中。歌词常常富有诗意和想象力，让听众能够更加感受到嵊泗渔民生活的真实与奇妙。

情感真挚且表达深情：渔歌的歌词表达了深刻的情感，体现了嵊泗人对大海、对故土、对亲人的深情厚谊。歌词中充满了对生活的热爱、对劳动的认真和对爱情的憧憬，使听众能够更好地理解和感受嵊泗渔民的情感世界。

多样的唱腔表现形式：嵊泗渔歌的唱腔形式丰富多样，有独唱、二重唱、合唱等不同形式。同时，渔歌还常常结合舞蹈表演，通过动作和音乐的完美融合，使整个表演更加生动有趣。唱腔的多样性为渔歌的表演带来了更为生动的视听体验。

传统与现代元素的融合：在歌词和唱腔中，嵊泗渔歌常常巧妙地融合传统元素和现代元素。这种融合不仅体现了嵊泗渔歌的创新性，也使其更具时代感，更易于吸引不同年龄层的听众。

总体而言，嵊泗渔歌以其丰富的唱词和多样的唱腔表现形式，展现了浓厚的海洋文化和生动的表演艺术，使得渔歌成为嵊泗地方文化的重要代表之一。

（四）语言和象征符号

1. "海""船""鱼"海洋文化符号

嵊泗以其独特的海洋文化著称，其中"海""船""鱼"成为代表性的文化符号，这三者紧密地联系在一起，共同构成了嵊泗深厚的海洋文化象征。

"海"在嵊泗文化中代表着无边

无际的辽阔，是渔民们生活和工作的根本环境。嵊泗的人们常常将大海视作生命的源泉，是他们赖以生存的家园。嵊泗的画家、诗人、歌手等文艺工作者以大海为题材，创作了大量艺术作品。这些作品传递着对大海的敬畏、热爱和渔民们与大海相伴的情感。

"船"是渔民们渡过海洋的工具，更象征着他们充满勇气和决心的渡海生活。渔船承载着渔民的梦想和希望，是连接他们与大海之间的纽带。渔船是嵊泗文学、绘画、音乐等艺术作品中的重要元素。歌曲和舞蹈中常常描绘渔船在风浪中驰骋的场景，传达着嵊泗人乐观向上、勇往直前的精神。

"鱼"代表着海洋的丰富资源和渔民们的生计来源。丰收的鱼群不仅满足了渔民们的生活需要，也是他们对大海的感恩之情的象征。嵊泗的渔歌、舞蹈常常以"鱼"为题材，歌颂渔民们的劳动和丰收的场景。同时，鱼也是嵊泗独特的海鲜美食的代表，成为当地特色文化的一部分。

这三个符号在嵊泗的文学、绘画、音乐等艺术形式中得到了广泛的表现，深深植根于嵊泗人的日常生活和文化传承中。它们不仅是视觉上的标志，更是嵊泗海洋文化丰富内涵的具体体现，成为嵊泗地方文化的象征性元素。

2. 粗放的音乐风格

嵊泗渔歌的音乐风格通常呈现出一种粗放豪放、朴实自然的特点，反映了渔民们坚韧、乐观、豁达的性格。以下是嵊泗渔歌音乐风格的一些主要特点：

简朴的器乐伴奏：嵊泗渔歌的伴奏通常采用简单的器乐，如海哨、小提琴、扁担鼓等。这些器乐的运用强调了歌曲的朴实自然，使音乐更加贴近渔民生活的本真。

朴实的旋律：渔歌的旋律通常简单、朴实，贴近大自然的旋律元素。这种朴素的旋律让人们感受到海的宽广、渔船行进的豪迈，与渔民生活息息相关。

生活化的歌词：渔歌的歌词直白而生活化，歌颂着渔民的劳作、对大海的感激、家乡的美丽等。歌词表达了对海洋生活的深情厚谊，让人们更容易感同身受。

多样的舞蹈形式：嵊泗渔歌常常伴随着独特的舞蹈表演，如舞龙、舞狮等，以及模仿渔民劳作的动作。这些舞蹈形式更加突显了歌曲的欢快、活泼的特性。

强烈的节奏感：渔歌的节奏感较强，体现出渔民们在海上工作的劲爆和紧张。这种强烈的节奏感使渔歌在表达海洋生活的同时，也带有一种激昂的氛围。

总体而言，嵊泗渔歌的音乐风格是粗放的，反映了渔民们对大海的热爱、对劳动的认真和对生活的豁达态度。这种音乐风格使得渔歌不仅是一种传统的表演形式，更是嵊泗海洋文化的生动体现。

3. 自由的歌唱状态

嵊泗渔歌既有固定音符，却又变化多端。海上作业不同于其他生产，一项相同的劳动内容，往往会因为潮水的急缓、风浪的大小、网头的大小等原因有所变化，渔歌的歌唱速度、力度、情绪等也会随之变化，甚至它的收唱作用和目的也会截然不同，以舟山群岛流传较广的《摇橹号子》为例：有时缓慢沉重，听着很吃力很费劲，感觉风急浪高，逆水行舟，船摇得十分沉重、艰难。但如果是在风平浪静潮水平缓的情况下摇橹，那就是另外一种唱法了——轻松愉悦地。劳动情况的不确定性导致了歌唱状态的随意

性。不管什么大调小调、调性调式，在他们那儿什么都不讲究，想怎么唱就怎么唱，这种自由的歌唱状态起码让歌者唱得很尽兴。很多渔歌听上去似乎显得毫无章法，有的甚至信马由缰、漫无边际，但细细琢磨，又有许多道理在其中。

4. 和谐的词曲结合

嵊泗渔歌以其和谐的词曲结合而著称，这种结合体现了嵊泗海洋文化的独特魅力。以下是嵊泗渔歌和谐的词曲结合的一些特点：

自然的歌词与旋律融为一体：嵊泗渔歌的歌词常常以海洋、船只、渔民等为题材，反映了当地渔民的生活和情感。这些歌词自然而生动，与旋律融为一体，使听众更容易沉浸在海洋的故事中，感受到歌曲所描绘的场景。

朴实的旋律与深情的歌词对比：渔歌的旋律通常简单而朴实，与歌词形成鲜明的对比。这种对比让歌曲更加丰富多彩，旋律的简单使人更容易记忆，而深情的歌词则为歌曲增色不少。

渔歌的舞蹈表演与音乐完美融合：渔歌表演常常伴随着独特的舞蹈形式，舞者们以仿真的动作展现渔民在海上的劳作和生活。这些舞蹈动作与音乐

紧密结合,使整个表演更加和谐、生动,让观众不仅通过听觉,还能通过视觉更加全面地感受渔歌的魅力。

情感传达与旋律情感的融合:渔歌常常通过朴实的歌词表达渔民对大海的感激、对生活的热爱等情感。这些情感与旋律情感相辅相成,使歌曲整体充满深情厚谊。流畅的旋律与歌词的情感表达形成一种和谐的共振,使人更容易产生共鸣。

总体而言,嵊泗渔歌的和谐词曲结合体现在歌词与旋律、舞蹈与音乐之间的巧妙配合。这种和谐不仅丰富了歌曲的艺术层次,也使得渔歌在传承嵊泗海洋文化的同时,成为一种独特的文艺表达形式。

二、核心基因提取与评价

基于对材料的全面、深入分析，本文化元素的核心基因可表述为"海洋环境和原始生产工具""雄浑激越、飘逸洒脱的海洋文化特征""崇善尚义的海岛人性格""乐观豁达的海上渔猎精神""以劳动、风土、生活为主的渔歌体系"。

嵊泗渔歌核心文化基因评价依据

评价项目	评价因子	评价依据（特点）	是否
生命力评价	文化基因存续的时间	自出现起延续至今，未曾明显中断	
		自出现起延续至今，但多次衰微、中断后复兴	√
		曾明显衰败，改革开放后开始复兴或历史溯源关键环节缺失，难以考证	
		文化形态主体已灭失，现存部分痕迹	
	文化基因的稳定性	在发展过程中保持相当稳定的状态	√
		在发展过程中存在明显的精神内涵、表现形式剧变	
凝聚力评价	文化基因的凝聚力及社会动员效果	曾广泛凝聚起区域群体的力量，显著推动过社会经济文化的发展	√
		曾部分凝聚起区域群体力量，对社会经济文化的发展产生过影响	
		凝聚过力量，创造过实际的发展动能，但未见对社会经济文化发展产生显著改变	
		仅在历史文献或口耳相传中存在，未见实际介入社会经济发展	

续表

评价项目	评价因子	评价依据（特点）	是否
影响力评价	辐射的范围	具有全国性、世界性的影响力	
		具有长三角区域、浙江省影响力	√
		具有市县、乡镇影响力	
	提炼的高度	已经被古代文人士大夫和当代学者提炼为精神符号和理念理论	√
		单纯的样式、造型、工艺技术规范	
发展力评价	与当代精神追求和价值观念的契合	传统文化基因得到创造性转化、创新性发展；区域革命文化基因被完整继承、广泛弘扬；区域社会主义先进文化基因成为与浙江"三个地"相适应的文化高地	
		部分转化、部分弘扬、部分发展	√
		难以转化、难以弘扬、难以发展	
说明：基因特点评价是对解码出来的基因，根据本《导则》表2的要求，围绕"四个力"逐一对表打"√"，进行定性表述			

（一）生命力评价

嵊泗渔歌深深植根于当地的海洋文化传统中，歌颂着渔民的生活、劳作和对大海的热爱。这种深厚的文化传承让渔歌具有鲜明的地方特色，人们通过歌曲传递和感受着世代相传的文化价值观。嵊泗地区的社区生活相对密切，渔歌常常是社区活动的一部分。在节庆、庙会等活动中，渔歌成为社区凝聚力的象征，不仅通过歌唱表达共同的情感和价值观，也促进了社区成员之间的互动和交流。嵊泗渔歌通常伴随着独特的舞蹈表演，如舞狮、舞龙等。这种多样性的表演形式使渔歌更具吸引力，不仅为观众提供了视觉的享受，也丰富了歌曲的表现形式，使之更具生动感。渔歌歌词生动描绘了渔民在海上的劳作、对大海的敬畏以及对家乡的眷恋。这种真实而富有情感的表达让人们更容易产生共鸣，使渔歌成为一种富有感染力的艺术形式。嵊泗渔歌在保持传统的基础上，也适应了现代社会的需求，通过一些创新性的元素使之更符合当代听众的口味。这种适应性和创新性使得渔歌不仅具有传统的文化价值，也更有吸引力和竞争力。总体而言，嵊泗渔歌之所以具有强大的发展生命力，是因为它在文化传承、社区凝聚、表演形式、情感表达等方面都能够与时俱进，满足了人们对文化传统和娱乐需求的共同期待。

（二）凝聚力评价

渔歌歌颂的主题通常与渔民生活、海洋文化密切相关。这些歌曲反映了当地独有的文化传统，让民众在歌词中找到共鸣，强化了个体对家乡、海洋文化的身份认同感。通过歌曲表达的价值观念，促使社区成员在文化上形成一致。渔歌是一种传统的表演形式，通常在社区活动、庆典、节庆等场合中表演。通过一代代的传承，社区成员共同参与、共同体验渔歌的表演，形成了一种传统文化的延续。这种共同的传承经验使得社区内部建立了紧密的联系。渔歌的表演通常是社区集体参与的，涉及合唱、舞蹈等多个方面。这为社区成员提供了社交和互助的平台，促进了彼此之间的交流和合作。共同参与渔歌的表演活动，加强了社区内部的互动，形成了紧密的社交网络。嵊泗渔歌在传承传统的同时，也不断吸纳现代元素，使得歌曲更具时代感。这种传统与现代的融合不仅满足了老一辈成员对于传统文化的喜好，同时也吸引了年轻一代，促进了不同年龄层的社区成员之间的交流。渔歌作为地方文化的代表，通过表演和传媒的传播，提升了嵊泗社区的认知度。社区成员对渔歌的认同感，使得他们更愿意参与社区活动，形成更加紧密的群体关系。综合而言，嵊泗渔歌在发展过程中的强大凝聚力，主要得益于它作为一种文化符号在社区内引起的共鸣，以及通过表演、传承、社交等多种途径构建的共同体验和互动。这些因素共同促成了嵊泗渔歌在社区中发挥凝聚作用的强大生命力。

（三）影响力评价

嵊泗渔歌是当地海洋文化的代表之一，通过歌词、旋律、表演等形式，生动地展现了渔民的生活、劳作和对大海的热爱。这种文化形式在当地社区中代代相传，成为嵊泗地区独有的地方特色之一，对地方文化的传承和弘扬具有深远的影响。渔歌通常是社区活动的一部分，例如庆典、节庆、集会等。通过共同参与渔歌的演唱和表演，社区成员之间的凝聚力得到增强。渔歌成为社区文化的一部分，连接着社区成员的情感，促进了社区的和谐发展。嵊泗渔歌作为地方文化的象征之一，吸引了大量游客。在各种旅游活动和文化节庆中，渔歌表演成为重要的文化旅游元素，为当地旅游业的繁荣做出了贡献。渔歌的知名度提高，也有助于推动嵊泗作为旅游胜地的发展。嵊泗渔歌通过各种表演形式、媒体传播方式，参与了大量的文化交流活动。这使得嵊泗渔歌的影响不仅局限在当地，也在更广泛的范围内被认知。通过文化交流，嵊泗渔歌为当地文化在全球范围内的传播树立了重要的文化符号。嵊泗渔歌作为一种民间艺术形式，推动了当地的艺术氛围。渔歌的传承和发展激发了人们对艺术的兴趣，鼓励了更多年轻人参与到传统艺术的学习和创新中来，促进了民间艺术的繁荣。总体而言，嵊泗渔歌通过其独特的文化内涵、社区凝聚力、旅游吸引力以及文化传播等方面的表现，对嵊泗地区产生了深远而积极的影响。这种影响不仅在本地区内显著，同时也在文化、旅游等领域为嵊泗的发展贡献了独特的力量。

（四）发展力评价

嵊泗渔歌植根于当地深厚的海洋文化底蕴之中，歌颂着渔民的生活、劳作和对大海的热爱。这种深厚的文化底蕴赋予了渔歌独特的地方特色，使其在当地社区中得到了长久的传承。嵊泗渔歌在传承传统的同时，也不断吸纳现代元素，使得歌曲更具有时代感。这种传统与现代的结合使得渔歌不仅保持了传统文化的魅力，同时也能够吸引更广泛的受众，使其在现代社会中具有强大的生命力。渔歌通常是社区活动的一部分，成为社区凝聚力的象征。通过共同参与渔歌的表演和演唱，社区成员之间建立了紧密的联系，促进了社区的互动和凝聚。

渔歌作为一种传统文化表达形式，通过口口相传、师徒传承等方式得以传承。这种传承渠道保障了渔歌在当地社区中代代相传，使其在时间的长河中不断发展。渔歌通常伴随着独特的舞蹈表演，如舞狮、舞龙等。这种多样性的表演形式使渔歌更具吸引力，不仅为观众提供了视觉的享受，也丰富了歌曲的表现形式，使之更具生动感。嵊泗渔歌作为地方文化的象征之一，成为吸引游客的独特元素。在旅游业的推动下，渔歌得到更广泛的宣传和传播，使其知名度提高，同时也为当地文化产业的发展提供了新的机遇。总体而言，嵊泗渔歌之所以发展力强大，是因为它在文化传承、社区凝聚、表演形式、吸纳现代元素等方面能够灵活变通，同时深深扎根于当地文化和社区生活之中，使其成为嵊泗地区文化的重要组成部分。

三、核心基因保存

"海洋环境和原始生产工具""雄浑激越、飘逸洒脱的海洋文化特征""崇善尚义的海岛人性格""乐观豁达的海上渔猎精神""以劳动、风土、生活为主的渔歌体系"作为嵊泗渔歌的核心基因，文字资料保存在《舟山渔民号子之浅识》、《浅谈嵊泗渔歌的形成》、《浅谈嵊泗渔歌的特点》、《浅析嵊泗渔歌的社会功能》、《嵊泗渔歌文化价值浅论》、《嵊泗新渔歌创作浅谈》、金瑛《列岛遗风》。影像材料《东海谣》等在县文化馆、博物馆均有保存。

灯塔

嵊泗渔歌　嵊泗文化基因

灯塔

　　灯塔是建于航道关键部位附近的一种塔状发光航标，是海上来往船只的指明灯，用以引导船舶航行或指示危险区。航标以所处位置及功能大小分灯塔、灯桩和浮标。根据不同需要，航标设置不同颜色的灯光及不同类型的定光或闪光。灯光射程一般为 3—25 海里。

　　灯塔属体积较大，功能较全的航标。现代大型灯塔结构体内有良好的生活、通信设施，可供管理人员居住。清朝末年，我国东南沿海建造大量灯塔，其中建在嵊泗的有四座，分别是花鸟灯塔、白节山灯塔、半洋礁灯塔和唐脑山灯塔。花鸟灯塔因其规模、灯高、照射范围、功能等因素居远东第一，被称为国际灯塔，并在2001年被国务院认定为全国重点文物保护单位。

随着我国综合国力的增强，国家高度重视对航道及航标安全的管理与建设。截至2020年，中国沿海的灯塔、灯桩共5000余座，东海海区有2700余座。在嵊泗境内建有各类灯塔、灯桩和浮标71座，日夜为进出长江口与杭州湾的中外航船提供航运安全和保障，特别是花鸟灯塔、白节山灯塔、半洋礁灯塔和唐脑山灯塔，见证了我国经济的发展、港航业的发展和航运的安全。

一、要素分解

（一）物质要素

1. 独特的地理位置

嵊泗县地处中国沿海航线和长江航线的交叉点，东临公海，是上海港、洋山港、宁波至舟山港等到日本、韩国以及其他国际航线的必经之地。加上海上贸易的繁荣，灯塔这种海上航线设施便在嵊泗落地开花，成为一道靓丽的风景线。

2. 四座标志性灯塔建筑

目前，嵊泗地区具有标志性的灯塔有白节山灯塔、半洋礁灯塔、唐脑山灯塔、花鸟灯塔等，均建于清朝。

白节山灯塔位于浙江省舟山市嵊泗县菜园镇小关岙村白节山（岛）南端，建于清光绪九年（1883），主灯塔坐北朝南，为白节峡主要导航设施之一。白节山灯塔由灯塔、水井、附属房组成，分布呈南北长方形，建筑总面积181平方米。灯房台地面积9.07平方米，系铁架混凝土结构。圆柱形，红白横纹。塔高14.3米，灯高海拔75米。光源原以煤油为燃料，后改为柴油机发电，现为太阳能发电。灯罩为牛眼式透镜，灯质为红白两色，每60秒钟交换发光1次。亮度500瓦，射程22海里，原有雾炮2门，雾天每隔2分钟放射一次，以声导航。备用灯，白色定光射程8海里，1883年由英国人建造，1937年被日寇

占领，1945年日寇投降后由国民政府接管，1950年7月嵊泗解放，属交通部管理，改为电光源。1969年移交海军航保部，1980年归上海航道局管理，现为宁波航标处嵊泗航标站管理。白节山灯塔从建造到现在一直作为我国主要并且较早的导航设施之一，白节山灯塔于2009年6月公布为舟山市文物保护单位、2011年1月公布为浙江省文物保护单位，它为研究我国导航史及灯塔史提供了实物依据。

半洋礁灯塔位于浙江省舟山市嵊泗县关岙村半洋礁顶部，地处白节海峡西北口中央，建于清光绪三十年（1904），坐西朝东，占地面积74平方米。半洋礁灯塔为白节海峡主要导航设施之一，系黑色圆塔，高9.8米，有白色防护围墙，上绘国旗，日间目标显明。灯高海拔19米，每3秒钟1闪，射程14海里。备用灯，白色、定光、射程8海里。雷达应答器：信号为莫尔斯"M"＝长划"－－"作用，距离5—6海里，现在不再使用。半洋礁灯塔原有管理人员5人，现为无人管理灯塔。清光绪年间，由英国人建造，属宁波航标处嵊泗航标站管理，曾称半洋山灯塔。半洋礁灯塔由灯塔、附属房及护墙组成，灯塔底座直径6.72米，主灯塔直径3.81米，由方石砌成，附属房为混凝土结构，长7.05米、宽5.1米，分为两间。护墙为砖墙，呈梯形，宽处15.2米，窄处7.7米，长19.5米。半洋礁灯塔对研究灯塔史及航海史、嵊泗人文历史具有一定参考价值。

唐脑山灯塔位于浙江省舟山市嵊泗县洋山镇圣港社区唐脑山(岛)西顶。坐东朝西,占地约230平方米,灯塔基座占地25平方米。唐脑山灯塔为白色砖房,高7米,灯高海拔30米,白光每10秒钟连闪3次,射程15海里,雾笛遇雾天每90秒钟鸣笛4次,每次鸣叫5秒钟,备用灯白色定光,射程8海里,建筑面积150平方米,清光绪三十四年(1908)由英国人建造,现归上海航道局管理,目前为无人灯塔。唐脑山灯塔在1996年进行外部装修,现围墙内附属房已废弃使用,围墙外附属房已坍塌。唐脑山岛呈狭长形,东南—西北走向,长320米,宽100米,面积0.032平方公里,附近海域是我国南部沿海航线出入长江口的重要航道。唐脑山灯塔2009年6月公布为舟山市文物保护单位,它为研究我国航海史、灯塔史提供了实物依据。

花鸟灯塔位于舟山市嵊泗县花鸟乡灯塔村西北端花鸟山上,北纬30°51′40″,东经122°40′24″,海拔高度76米花鸟山位于嵊泗县东北端,马鞍列岛北部,是舟山群岛最北的一个岛屿,其东南与壁下岛相望,西南邻东绿华岛,距县城菜园镇25.9公里,最高点海拔236.9米。花鸟灯塔,始建时为"卫护扬子江口三大灯塔之一",现属国际灯塔,规模居远东第一。据《中国沿海灯塔志》记载:"花鸟山灯站,既设有头等巨灯，复配以地雅风雾号及无线电椿，故在海关所辖灯塔之中，可称规模最大者也。"现灯塔及附属建筑整体呈西北—东南走向，总占地面积22000平方米，建筑面积10000平方米，分设电台、活动室、办公室、灯房、宿舍、机房、油库等，另建有灯塔专用码头。灯塔本体建筑坐北朝南，占地面积约30平方米，总高16.5米。基座平面呈圆形，直径为6.156米，高约0.9米，饰黑漆。塔身为圆柱形建筑，平面直径4米，高7.6米；分上下两部分，下部为混凝土块石结构，外饰白漆，上部为生铁浇铸，外饰黑漆；辟有一门四窗；内沿塔体置盘旋式楼梯，通塔身顶部的平台。平台上置灯笼，外围圆环形带铁栏杆的回廊。灯笼笼身由圆环形钢圈分割为上下两部分，下部为钢质笼壁，平面呈正十六边形，最长对径为3.8米，边长0.78米，高2.12米；上部置上中下三层玻璃窗，平面呈正十六边形，最长对径为3.8米，边长0.745米，高分别为1.18米（上层）、0.98米（中层）和0.86米（下层）。笼顶为铁质，呈穹顶状，饰黑漆，顶正中心设风向标、避雷针等。灯笼内部中央基座上置灯器设备，主灯牛眼透镜直径达1.84米，

光源为2千瓦卤素灯，白光每15秒钟1闪，射程24海里。它是一座集视觉航标、音响航标、无线电航标、船舶自动识别系统（AIS）基站于一体的大型灯塔，史称远东第一灯塔，是我国东南沿海、东南亚地区以及经由东海进入长江口的重要标志，也是我国东南沿海大中型船舶航线上的重要标志之一。

（二）精神要素

1. 智勇双全、共御法西斯的抗争精神

在花鸟灯塔一百多年的漫长岁月里，曾发生过一起日军泄密事件。2010年，一个叫琼尼的澳大利亚女子前来寻找她祖父伊塞克管理过的花鸟灯塔，从而向小岛人揭开了这段鲜为人知的故事。据琼尼介绍，第二次世界大战时，花鸟灯塔一度为日军所控制。为了在太平洋战争中对抗中国和盟军，日军逼迫灯塔管理员改变灯光闪烁信号频率和颜色，只为日军军舰导航专用，使中国和盟军军舰无法在航道上安全航行。但琼尼的祖父和他的同事们用拖延时间等办法，把信息散布出去，让所有过往的中国和盟军船队得知了日军的企图，致使日军垄

断航道的阴谋落空。

2. 敢于冒险、甘于艰苦、忠于职守、乐于奉献的灯塔精神

"敢于冒险、甘于艰苦、忠于职守、乐于奉献"的灯塔精神，描述了灯塔工作者在嵊泗这样特殊的地理位置从事艰巨任务时所展现的坚韧、敬业和奉献的品质。

敢于冒险：在嵊泗这样的海洋环境中，灯塔工作者需要不畏风浪，勇敢地冒险去执行灯塔维护和管理的任务。他们可能面临恶劣的天气和海况，但敢于冒险的精神使他们能够应对各种挑战，确保灯塔始终发挥作用。

甘于艰苦：灯塔工作者的工作需要面对长时间的孤寂、冷清，以及辛劳的工作。甘于艰苦的精神意味着他们能够在偏远的灯塔工作岛上默默无闻地履行职责，忍受长时间的孤寂和压力，为海上的航行安全默默付出。

忠于职守：灯塔工作者的职责是确保航行安全，维护灯塔设施，提供可靠的导航服务。忠于职守意味着他们始终遵循自己的工作使命，保障灯塔的正常运转，以确保海域的安全通航。

乐于奉献：灯塔工作者的工作需要不计报酬地付出，乐于奉献的精神体现在他们愿意为了航行的安全而付出努力，无私地为他人提供服务。这种奉献精神使得他们的工作不仅是一份职业，更是一种为社会、为大众服务的责任。

（三）制度要素

1. 声光电兼备的导航方式

灯塔通常是采用声、光、电等多种导航方式，以确保船只在夜间或能见度低的情况下能够准确导航。

光：灯塔的主要特征之一是其强烈的光源。灯塔通常配备高功率的灯具，这些灯具发出的光束在远处可见，有助于船只在夜间或恶劣天气中找到正确的航向。光的特征，如闪烁、旋转或固定的光模式，可以用来区分不同灯塔，帮助船只确认其位置。

声：一些灯塔设有声音导航系统，通常是雾角或喇叭，用于在能见度受限的情况下向船只发出声音信号。这对于在浓雾或降雨等条件下提供额外的导航参考是很重要的。

电：现代灯塔通常配备了电子导航系统，包括雷达、AIS（自动识别系统）等。这些系统通过电子手段监测船只的位置、航向和速度，并提供给船员或导航员实时信息，以帮助他们更有效地确认航线。

这种兼备声、光、电等多种导航方式的设计，使得灯塔能够在不同的天气和光照条件下为船只提供可靠的导航服务。这对于保障海上航行的安全至关重要，特别是在复杂的水域和变化多端的气象条件下。

2.建筑和装饰为欧式风格

花鸟灯塔内部分四层楼面。塔顶为铜铸圆顶，装风向板。顶层使用巨大的玻璃作为墙体，安装有光源。其下一层有外置廊台，可凭栏远眺。整体建筑和装饰属欧式风格。

（四）语言和象征符号

1.海上引航者形象

灯塔被称为"海上引航者"或"航海标志"，因为它在海上起到引导和标志的作用。灯塔是一种常见的航标设施，被用于指引船只在海上航行时找到安全的航道、避开障碍物、确定位置等。主要功能包括：

导航引导：灯塔通常配备有高功率的灯光，这些灯光在夜间或能见度低的情况下能够远距离可见。船只可以通过观察灯塔的光芒，判断自己的位置，遵循正确的航线，确保安全的行驶。

标志和辨认：每座灯塔都有独特的光特征，如不同的光色、光亮度、光闪烁频率等。这些特征使得灯塔在海上易于辨认，有助于确定船只所在的位置和方向。

警告和安全：一些灯塔还配备有声音信号设备，用于在能见度低的情况下发出警告。这对于避免碰撞、确保航行安全至关重要。

灯塔在海上航行中扮演着重要的角色，为船只提供了可靠的导航支持，帮助船舶安全、高效地航行。

2.赫德建花鸟灯塔故事

花鸟灯塔也叫作北马鞍灯塔，建造于清同治九年（1870）。灯塔边上由中华人民共和国国务院 2001 年 8 月 18 日立的碑记中记述："花鸟灯塔，同治九年（1870）清政府海关海务科建造，曾聘英国人管理。"1840 年鸦片战争爆发，舟山的沦陷，撼动了远在千里之外的大清京城。清朝士大夫们真正意识到了西方机器工具的威力，开始谋求师夷长技以自强。1863 年 11 月，清政府正式任命英国人罗伯特·赫德出任中国海关总税务司司长，赫德由此开始长达 45 年的"大清海关总管"职业生涯。1868 年的一天，赫德提笔向清政府建议："为了中国沿海进行贸易的船舶利益，一般地说，真正的需要如下：在远航中给予船舶以危险的警告，这就应在必要的地方设置灯塔。"赫德的这个建议得到了清政府的认可。随后不久，中国沿海数百座现代意义的灯塔开始逐次建造。负责建造灯塔的是清政府海关海务科，而海关的总头目，当然就是赫德。因此，花鸟灯塔被视为是英国人建造的。

二、核心基因提取与评价

基于对材料的全面、深入分析，本文化元素的核心基因可表述为"敢于冒险、甘于艰苦、忠于职守、乐于奉献"的灯塔精神、"四座标志性灯塔建筑"。

灯塔核心文化基因评价依据

评价项目	评价因子	评价依据（特点）	是否
生命力评价	文化基因存续的时间	自出现起延续至今，未曾明显中断	√
		自出现起延续至今，但多次衰微、中断后复兴	
		曾明显衰败，改革开放后开始复兴或历史溯源关键环节缺失，难以考证	
		文化形态主体已灭失，现存部分痕迹	
	文化基因的稳定性	在发展过程中保持相当稳定的状态	√
		在发展过程中存在明显的精神内涵、表现形式剧变	
凝聚力评价	文化基因的凝聚力及社会动员效果	曾广泛凝聚起区域群体的力量，显著推动过社会经济文化的发展	
		曾部分凝聚起区域群体力量，对社会经济文化的发展产生过影响	√
		凝聚过力量，创造过实际的发展动能，但未见对社会经济文化发展产生显著改变	
		仅在历史文献或口耳相传中存在，未见实际介入社会经济发展	

评价项目	评价因子	评价依据（特点）	是否
影响力评价	辐射的范围	具有全国性、世界性的影响力	
		具有长三角区域、浙江省影响力	√
		具有市县、乡镇影响力	
	提炼的高度	已经被古代文人士大夫和当代学者提炼为精神符号和理念理论	
		单纯的样式、造型、工艺技术规范	√
发展力评价	与当代精神追求和价值观念的契合	传统文化基因得到创造性转化、创新性发展；区域革命文化基因被完整继承、广泛弘扬；区域社会主义先进文化基因成为与浙江"三个地"相适应的文化高地	
		部分转化、部分弘扬、部分发展	√
		难以转化、难以弘扬、难以发展	
说明：基因特点评价是对解码出来的基因，根据本《导则》表2的要求，围绕"四个力"逐一对表打"√"，进行定性表述			

（一）生命力评价

灯塔的主要任务是提供导航服务，引导船只安全通过海上障碍物，找到正确的航道。这种导航功能使得灯塔在海上交通中具有不可替代的重要性。灯塔通常被设计成能够在恶劣的海洋环境中持续运行。无论是面对风浪、盐雾、极端温度，灯塔都需要经受住各种自然挑战，保持不间断的导航服务。随着技术的发展，灯塔系统也在不断更新和升级。现代化的灯塔常常采用先进的光电技术、自动化系统和电子导航设备，使得灯塔能够适应不同的航行需求，延续其在导航上的生命力。灯塔往往不仅是一座导航建筑，还是地方文化的象征。它们承载着历史、传统和地方特色，因而在社区中具有深厚的文化内涵，保持了对地方身份认同的生命力。一些具有悠久历史或独特设计的灯塔成为旅游胜地，吸引着游客。这种旅游价值也为灯塔注入了新的生命力，促使人们加强对其的保护和维护。总体而言，灯塔因其在海上导航、文化传承、技术更新等方面的不可替代作用，展现了强大的生命力。这种生命力不仅体现在其持久的运行和服务中，也在社区文化、旅游业等方面为社会做出了重要贡献。

（二）凝聚力评价

灯塔常常成为当地的象征，代表着人们共同的历史、文化和价值观。在灯塔周围，民众会共同参与维护、保护灯塔，从而形成一种共同体精神，增强当地民众凝聚力。具有悠久历史的灯塔通常成为文化传承的载体。当地居民将灯塔作为重要的文化符号，通过故事、传说、庆典等方式将其传承给后代，形成共同的文化记忆，加强民众的认同感。航海员、渔民等海上从业者通常将灯塔视为航海中的重要标志。在这个共同体中，灯塔不仅是导航的指引，也是海上人员共同的朋友和支持者。共同的依赖和信任形成了一种特殊的凝聚力。一些具有特色的灯塔成为旅游胜地，吸引着许多

游客。游客的到来不仅推动了地方旅游业的发展，也带来了社区与游客之间的交流，促进当地凝聚力的形成。总体而言，灯塔因其在导航、文化、旅游等方面的特殊地位，成为人们共同关心、支持的焦点，进而促进了当地凝聚力的提升。

（三）影响力评价

灯塔为船只提供可靠的导航服务，对航行安全至关重要。其在海上交通中直接影响着航行的安全和效率。良好的灯塔系统可以降低事故风险，提高海上交通的可靠性。具有悠久历史的灯塔往往成为当地的文化和历史遗产，对当地社区和居民有着深远的影响。灯塔常常被看作是地方的象征，承载着丰富的历史故事和文化传统，引发人们对过去的回忆和情感。一些著名的灯塔成为旅游胜地，吸引着大量游客。这种旅游效应对当地经济具有积极影响，促进了旅游业的发展，带动了相关产业的繁荣。灯塔在社区中常常成为一个共同的象征，团结了社区成员。通过参与灯塔的保护、维护和文化传承，社区形成了共同的认同和凝聚力。现代灯塔系统采用了先

进的技术，如雷达、自动识别系统等，这些技术的应用推动了海事导航领域的发展。总体而言，灯塔作为一种具有导航、文化和旅游等多重功能的设施，对社会产生了广泛的影响。其重要性不仅体现在海上安全和航行效率上，也深刻地影响了社区的文化、经济和社会结构。

（四）发展力评价

灯塔作为海上导航标志和文化象征，虽然其主要功能在技术上可能相对固定，但在其他方面确实具有强大的发展力。随着科技的不断进步，灯塔的导航系统和设备也在不断创新升级。现代灯塔可能采用先进的光电技术、自动化系统、智能化设备等，提高导航效能，降低维护成本。具有发展潜力的灯塔系统可以趋向智能化和自动化，包括自动监测海上交通、自动调整灯光、远程监控等功能，提高效率和精确性。环保和可持续发展的理念推动着灯塔系统转向绿色能源。一些灯塔可以采用太阳能、风能等可再生能源，减少对传统能源的依赖，降低对环境的影响。一些地区可以通过文化创意的方式将灯塔纳入旅游、文化产业。设计独特的灯塔主题产品、开展灯塔文化节等活动，为灯塔赋予新的文化内涵，推动当地文化的发展。灯塔可以在原有导航功能的基础上，拓展更多的功能。例如，一些灯塔可以设置为观景台、博物馆、咖啡馆等，为游客提供更多的服务和体验。总体而言，灯塔作为一种具有悠久历史的设施，虽然其核心一直是导航功能，但在社会发展的推动下，灯塔可以经历多方面的发展，以适应现代社会的需求。这种发展力主要体现在技术、文化、经济等多个层面。

三、核心基因保存

　　"敢于冒险、甘于艰苦、忠于职守、乐于奉献"的灯塔精神、"四座标志性灯塔建筑"作为灯塔的核心基因，文字资料保存在《中国沿海灯塔志》《崇明县志》中，实物材料花鸟灯塔、白节山灯塔、半洋礁灯塔、唐脑山灯塔留存在嵊泗境内。

海防海疆历史遗迹

嵊泗渔歌 嵊泗文化基因

海防海疆历史遗迹

嵊泗历来为我国东部沿海军事前哨。南宋时期,在徐公、大羊山、薄刀嘴、金鸡山、绿华、花鸟、壁下等八座岛屿设有烽火台,属著名的"海上十二铺"中的八铺,目前枸杞乡等地留有海上十二铺的烽火台遗址。

明清时期,嵊泗曾为两省巡海督汛会哨处,保留了大量与海防和咏景有关的摩崖石刻题记,目前存有14处,其中典型的有"山海奇观""瀚海清风""倚剑""海阔天空""鲲鹏化处""海若波恬""万顷晴波"等。

太平洋战争期间,嵊泗曾一度被日军占领,成为日军扼守航道的重要据点。目前嵊泗岛上留有日军修建的鱼雷洞11个,曾经用于存放自杀式鱼雷艇。这些鱼雷洞均系钢筋混凝土结构，每个直径约3米，长在30至70米不等。同时，在黄龙乡茶园岗墩山顶有侵华日军炮台8座，分布面积约200平方米。宝贵的海防海疆历史遗产不仅赋予嵊泗丰厚的人文底蕴，也提醒着后人勿忘国耻、巩固边疆。

一、要素分解

（一）物质要素

数量众多、保存完整的历史遗迹。嵊泗列岛目前留存的海防海疆历史遗迹有枸杞乡大王村烽火台遗迹 1 处、明清摩崖石刻 14 处、侵华日军鱼雷洞 11 座、炮台 8 座。遗迹数量多、分布广，保存状态较为完整，具有宝贵的历史研究价值和借鉴意义。

1.烽火台

位于枸杞乡大王村"小西天"山上约二十平方米的大平石上。据记载，明万历年间，侯继高率部前往渔场督汛期间，派兵驻扎"小西天"，现"小西天"烽火台右边还有驻扎过的痕迹。"小西天"石是枸杞的最高山峰，能够观望"海礁""浪岗""谦山""花鸟""泗礁"，天气好时，还能看到"巨山"，是当时最好的瞭望、报警地方，再加上有一块 20 平方米左右的大平石，点火时不会涉及森林火灾。哨兵一发现倭寇船只，一点火，四面八方都能知道敌情了。据传，侯继高的护渔督汛船队一般停泊在枸杞泰口，那里海口开阔，容易迎战出击，也容易隐蔽。有一天，刮起了 7—8 级的西北大风，倭寇的海盗船想到喉山满咀头吞口避风，等其进入吞口抛锚后，烽火台上的士兵点燃狼烟，侯继高立即命令拔锚起航，西北风鼓着风帆，从枸杞海口出发，顺风顺水，不到半个时辰，就把倭寇打了个措手不及，侯继高水师大获全胜。

2. 侵华日军的军事设施

日军侵占嵊泗列岛后，部署修筑军用仓库，建造鱼雷洞、炮台，安装电力自动炮，设置水陆两用飞机场和自杀艇等军事设施。日军驻嵊司令部设在五龙田呑，以五龙东山和马迹岛为中心，分别装置电力纵火炮四五门，射程 2 万米。在五龙田呑、大小黄沙呑等，建造鱼雷洞 11 个，长 30 至 70 米，宽 3 米，高 3 米，系日军水上鱼雷和自杀艇基地。另在泗礁岛建炮台 15 座、望远镜观察台一座。在电力自动炮周围又建有弹药库数座，以及一间雷达所。1944 年年底，日军又在黄龙岛建炮台 6 座、防空洞 14 个。其间，日军在泗礁岛修建的军用坑道达 38 处，其中五龙黄沙呑和田呑 28 处，以藏放弹药、军用物资所用。1944 年，在花鸟灯塔大水坑沙滩，日军又建造 7 平方米的小洋房一座，架设海底电缆，直通日本东京。

3. 五龙双联洞鱼雷洞遗址

嵊泗五龙乡双联洞，是日军侵华期间存放毁灭性武器——"自杀艇"

的鱼雷洞之一。日军在嵊泗修建的鱼雷洞，共有 11 个，这些鱼雷洞均系钢筋混凝土结构。日军在嵊泗布设的"自杀艇"多数为装载鱼雷用。史料记载，五龙的双联鱼雷洞内，藏放过 58 艘"鱼雷自杀艇"。

4. 黄龙茶园岗墩侵华日军炮台遗址

侵华日军炮台遗址位于黄龙乡茶园岗墩山顶，分布面积约 200 平方米左右，由大小不一的八个炮台组成，最大直径 8 米，高 1.7 米，内壁分布四个 1 米 ×1 米，深 1.6 米的猫耳洞及深 2.5 米弹药洞一个。

（二）精神要素

1. 卫国戍边的决心

现留存的各处海防遗址承载了嵊泗自南宋以来抵御外敌、守卫边疆的漫长历史，展现了中华民族保卫国土、捍卫主权的决心。

2. 伟大的抗战精神

抗战精神是一种伟大的民族精神，是中华民族源远流长的爱国主义在抗日战争中的锤炼和升华。这种精神，来自中华儿女内心深处对祖国的无比热爱。在面对日本帝国主义妄图灭亡中国的侵略战争中，千千万万中华儿女义无反顾地走上了抗日救亡的战场。他们表现出了坚定的意志，用热血和生命浇铸了千古不朽、熠熠生辉的抗战精神。抗战精神内涵主要包括：①天下兴亡、匹夫有责的爱国情怀。爱国情怀是人们对自己祖国的一种深厚情感，是愿意为祖国奋斗献身的价值取向。在民族生死存亡之际，中国人民的爱国情怀被充分激发出来，举国上下用血肉筑起一座抵御侵略者的钢铁长城。②视死如归、宁死不屈的民族气节。民族气节是为了维护国家和民族尊严而永不屈服的精神品质和高尚追求。抗战时期，面对日本帝国主义的疯狂侵略，无数中华儿女奋起抗争、前赴后继，表现出了视死如归、宁死不屈的高尚气节。③不畏强暴、血战到底的英雄气概。英雄气概是为了祖国利益不惜流血牺牲的崇高精神。抗战时期，中国军民面对敌人的炮火勇往直前，面对死亡威胁义无反顾，表现出了中华儿女的英雄气概。④百折不挠、坚忍不拔的必胜信念。必胜信念是最终战胜日本侵略者的坚定信心和顽强信念。抗战不仅是武力的较量，更是民族意志与信念的较量。持续 14 年的抗日战争，中国人民在持久抗战中顽强抗击敌人，全国军民始终保持抗战必胜的坚定信心，百折不挠、坚忍不拔，最终打败穷凶极恶的日本侵略者。

（三）制度要素

常态化的边境巡查制度。南宋时期"海上十二铺"烽火台以及明清巡海督汛均属我国早期巡边制度的一部分。这一巡查制度的常态化运行保障了沿海领土的完整和百姓的安居乐业，具有重大历史意义。

（四）语言与象征符号

东海防空识别区。2013 年 11 月 23 日，中华人民共和国国防部宣布：中华人民共和国政府根据 1997 年 3 月 14 日《中华人民共和国国防法》、1995 年 10 月 30 日《中华人民共和国民用航空法》和 2001 年 7 月 27 日《中华人民共和国飞行基本规则》，宣布划设中华人民共和国东海防空识别区。中国政府按照国际通行做法，划设东海防空识别区，目的是捍卫国家主权和领土领空安全，维护空中飞行秩序。

这是中国有效行使自卫权的必要措施，不针对任何特定国家和目标，不影响有关空域的飞越自由。防空识别区是一国根据自己的空中防御需要，划定的一个空中预警范围。通常情况下，以该国的战略预警机和预警雷达所能覆盖的最远端作为其"防空识别区"的界限，它比领空和专属经济区的范围要大得多，不属于国际法中的主权范畴。一般来说，设置"防空识别区"的主要目的是防止国籍不明的飞机侵犯主权国的领空。

二、核心基因提取与评价

基于对材料的全面、深入分析，本文化元素的核心基因可表述为"卫国戍边的决心""常态化的边境巡查制度""伟大的抗战精神"。

海防海疆历史遗迹核心文化基因评价依据

评价项目	评价因子	评价依据（特点）	是否
生命力评价	文化基因存续的时间	自出现起延续至今，未曾明显中断	√
		自出现起延续至今，但多次衰微、中断后复兴	
		曾明显衰败，改革开放后开始复兴或历史溯源关键环节缺失，难以考证	
		文化形态主体已灭失，现存部分痕迹	
	文化基因的稳定性	在发展过程中保持相当稳定的状态	√
		在发展过程中存在明显的精神内涵、表现形式剧变	
凝聚力评价	文化基因的凝聚力及社会动员效果	曾广泛凝聚起区域群体的力量，显著推动过社会经济文化的发展	√
		曾部分凝聚起区域群体力量，对社会经济文化的发展产生过影响	
		凝聚过力量，创造过实际的发展动能，但未见对社会经济文化发展产生显著改变	
		仅在历史文献或口耳相传中存在，未见实际介入社会经济发展	

续表

评价项目	评价因子	评价依据（特点）	是否
影响力评价	辐射的范围	具有全国性、世界性的影响力	√
		具有长三角区域、浙江省影响力	
		具有市县、乡镇影响力	
	提炼的高度	已经被古代文人士大夫和当代学者提炼为精神符号和理念理论	√
		单纯的样式、造型、工艺技术规范	
发展力评价	与当代精神追求和价值观念的契合	传统文化基因得到创造性转化、创新性发展；区域革命文化基因被完整继承、广泛弘扬；区域社会主义先进文化基因成为与浙江"三个地"相适应的文化高地	
		部分转化、部分弘扬、部分发展	√
		难以转化、难以弘扬、难以发展	
说明：基因特点评价是对解码出来的基因，根据本《导则》表2的要求，围绕"四个力"逐一对表打"√"，进行定性表述			

（一）生命力评价

嵊泗地处东海，因其地理位置的战略重要性，历史上留存下来的海防和海疆历史遗迹通常具有丰富的历史文化内涵，承载着地方历史发展的痕迹，展现着当地在海防和海疆方面的重要地位。这些历史遗迹的生命力强大。海防和海疆的历史遗迹是当地文化的一部分，它们见证了历史的变迁和地方文化的演变。这种文化传承有助于弘扬地方传统、激发当地居民的历史文化认同感。具有历史遗迹的地区通常能够吸引游客。游客可能对历史感兴趣，而这些遗迹是游客了解嵊泗历史、文化的窗口。旅游业的发展也为嵊泗当地经济带来了新的生机。这些历史遗迹对于研究历史、军事史、地方历史等方面有着重要的价值。研究者可以通过这些遗迹了解地方在历史上的军事防御和海域管理情况。总体而言，嵊泗海防海疆历史遗迹的生命力体现在它们对文化传承、旅游发展、教育意义、地方认同感和历史研究等多个方面的积极影响。

（二）凝聚力评价

海防海疆历史遗迹是当地历史文化的象征，居民可通过这些遗迹建立起对自己地方历史的认同感。这种文化认同可以促使当地民众共同关心、保护这些遗迹。同时它承载着一段段历史记忆，是当地共同的历史过往。这些共同的历史记忆有助于形成民众间的共鸣和联结，加深彼此之间的联系。海防海疆历史遗迹通常与国家安全、边防建设有关，能够激发居民的爱国情感。通过这些遗迹，居民可以感受到自己所在地方在国家安全中的重要地位，从而形成强大的凝聚力。这些历史遗迹成为旅游景点，游客的到来也将推动当地经济的繁荣。总体而言，海防海疆历史遗迹作为一种地方性的文化遗产，具有激发凝聚力的潜力。通过弘扬文化、共同记忆、爱国情感等方式，这些遗迹可以成为当地民众共同认同和团结的象征。

（三）影响力评价

海防海疆历史遗迹承载着丰富的历史文化，反映了嵊泗在海防方面的重要历史角色。这些遗迹对于当地文化的传承起到了重要作用，保留了历史的痕迹，为后代提供了学习和认知的机会。海防海疆历史遗迹成为当地的地标，激发了居民对本地区的认同感。这种地方认同感可以促使居民更加积极地参与社区事务，共同维护、保护当地文化遗产。具有历史遗迹的地区通常能吸引游客，促进旅游业的发展。游客的到来不仅为当地带来了经济收益，还为社区创造了就业机会，提升了居民的生活水平。海防海疆历史遗迹可以作为教育资源，为学生提供实地学习的机会。通过参观这些遗迹，学生可以更加深入地了解国家历史、地方历史以及海防方面的知识。海防海疆历史遗迹提醒人们国家安全的重要性，激发居民的爱国情感和国家安全意识。这对于维护社会的整体稳定和安全有积极的影响。总体而言，嵊泗海防海疆历史遗迹通过文化传承、地方认同、旅游业推动、教育意义、社区凝聚力和国家安全意识等方面的作用，对当地社会产生了深远而强大的影响力。

（四）发展力评价

海防海疆历史遗迹为嵊泗吸引了大量游客，这种旅游业的发展不仅为当地带来经济收益，还促进了相关产业的繁荣。将海防海疆历史遗迹纳入文化产业的开发，可以推动文化创意产业的发展。例如，开展主题展览、文化节庆活动等，提高当地文化产品的附加值，促进文化经济的繁荣。嵊泗海防海疆历史遗迹为历史研究提供了丰富的素材，既能开展相关的研究项目、学术活动，推动历史文化研究的深入，又能为当地高校提供丰富的实践和研究资源。具有独特历史价值的海防海疆历史遗迹可以成为国际合作和文化交流的桥梁。与其他国家或地区进行历史文化遗产的合作，促进跨文化的交流与理解。在保护历史遗迹的前提下，可以考虑创新的利用方式。例如，将历史遗迹与数字技术相结合，开发虚拟导览、数字展览等，提升游客体验和参与度。总体而言，嵊泗海防海疆历史遗迹的强大发展力体现在其对旅游业、文化产业、科研教育、社区参与和国际交流等方面的积极推动和引领作用。通过科学规划和有效管理，这些遗迹有望为嵊泗的综合发展做出更多贡献。

三、核心基因保存

　　"卫国戍边的决心""常态化的边境巡查制度""伟大的抗战精神"作为海防海疆历史遗迹的核心基因，文字资料保存在《中国古代海疆史纲》,实物材料茶园岗墩侵华日军炮台遗址、五龙鱼雷洞、南宋海上十二铺中的八铺、明清摩崖石刻14处留存在嵊泗境内。

渔民画

嵊泗渔歌 嵊泗文化基因

渔民画

　　嵊泗列岛，海洋文化源远流长。早在北宋时期，它就以"北界村"的名义进入文明发展的历史进程。嵊泗的先民来自江浙闽地区，留存于各岛的民俗风情体现出大陆文明与海洋文明的有机结合。勤劳聪慧的嵊泗人民在长期的劳动生活中，不断发现，不断创造，为后人留下了大量风格独特、弥足珍贵的文化遗产，这其中就有嵊泗渔民画。

嵊泗渔民画是我国民间现代绘画中独树一帜的画种。海岛独特的地理环境、深厚的人文情怀、奇特的岛礁传说、多彩的海洋生物、丰富的鱼类故事、与众不同的海岛风俗，均是嵊泗渔民画取之不尽的创作源泉。追溯历史，嵊泗渔民画源远流长。流传于嵊泗境内的民间绘画多数以船体或墙体表面为支撑。千百年来，渔民每逢新船下水或新房落成，总要请民间画匠描绘各式图画装饰船只和居室。嵊泗渔民画的内容多与大海有关，龙腾虎跃、鱼跃龙门等都是渔民喜爱的绘画题材。海岛绘画所用颜料非常讲究，必须经得住风吹日晒，海水浸泡。

在一幅幅极具想象力的画作里，流淌着嵊泗列岛先民的苦难、勇敢和不屈的意志，呈现出渔家儿女对理想、对生活的美好追求和强烈渴望。

一、要素分解

（一）物质要素

1. 独特的海洋地理和人文环境

嵊泗渔民画的产生和发展根植于独特的海洋地理环境、世代渔民纯朴艰辛的生活和神秘的远古传说。渔家世代与大海相伴，与惊涛恶浪搏斗，孕育出与内陆迥异的海洋文明。通过代代传承，嵊泗积累了深厚的人文情怀、奇特的岛礁传说、丰富的海洋生物故事、与众不同的海岛风俗，成为渔民画创作之源泉。

2. 齐备的绘画工具

嵊泗渔民画的工具与材质十分广泛，有油画笔、丙烯颜料、画架、纸、麻布、油画布等。从 2006 年起，随着田岙村"东海渔村"旅游项目动工兴建，嵊泗渔民就用这些齐备的绘画工具将画搬到了民居的墙上，这些画经过阳光、海风、雨水的沉淀，变成了"东海渔村"的纹身，之前被称作"烂田岙"的田岙村，因着这"壁画村"的特质，吸引着越来越多的游客前来，而这座不断建设的渔民画露天博物馆的面积至今也提升至 9000 余平方米。2011 年，中国美术学院·嵊泗东海渔村墙体壁画创作基地和舟山市渔民画创作基地"花落田岙"。

3. 丰富的绘画题材

嵊泗渔民画涵盖了丰富的绘画题材，主题内容通常围绕着

海洋、捕鱼、渔村生活等与渔民息息相关的内容元素。

渔船出海：描绘渔民划着小船驶向大海的场景，表现了他们日常的劳作场景。

渔村风光：展现渔民家园的美丽景色，包括房屋、码头、村庄等元素，呈现出宁静和温馨的乡村氛围。

渔民家庭：描绘渔民家庭的日常生活，包括家人团聚、餐桌上的渔获、家庭活动等，弘扬家庭温暖。

捕鱼场景：渔民捕捉鱼群的情景，可以表现出他们的智慧和勇气，以及对丰收的期盼。

季节变化：根据季节的不同，描绘渔村在春夏秋冬四季里的景色，展现自然界的变化。

海洋生物：描绘丰富多彩的海洋生物，如鱼、贝壳、海草等，突显海洋生态的多样性。

传统渔具：展现传统渔具的工艺和使用场景，如渔网、渔具、船只等，表现出渔民对传统文化的继承和尊重。

海洋风光：描绘大海的景色，包括海浪、涌浪、日出日落等，展现出海洋的辽阔和神秘感。

民俗活动：反映渔村传统的民俗活动，如渔民节、渔民婚礼等，展现当地独特的文化风情。

岛屿生活：描绘渔民在岛屿上的生活，岛上的风景、人们的居住环境等。

这些绘画题材使嵊泗渔民画在表达当地渔村文化、海洋生活和传统乡土风情方面具有丰富的表现力，展现

了渔民对大海的深厚感情和对生活的独特理解。

（二）精神要素

1. 粗犷而细腻的海洋人文性格

嵊泗人的海洋人文性格通常被描述为既粗犷又细腻，这种特质与他们生活在海洋环境中、依赖海洋为生息息相关。

粗犷的一面：

勇敢坚韧：嵊泗人在海上谋生，经常面对波涛汹涌、风浪巨大的海域，培养了他们勇敢坚韧的性格。在恶劣的海况中，他们需要克服困难，展现出强大的意志力和适应力。

豁达豪爽：海洋环境的开放和辽阔让嵊泗人养成了豁达豪爽的性格。他们对待生活乐观豁达，对待他人热情大方，形成了淳朴豁达的性格特质。

丰富的渔猎经验：嵊泗人的生活与海洋渔猎息息相关，他们具备丰富的渔猎经验。这种经验使他们在海上行动熟练，对海洋环境有着敏锐的感知和深刻的理解。

实际务实：海洋生活需要实际务实的应对策略，嵊泗人在日常生活中展现了实际、务实的一面。他们懂得面对困难时迅速找到解决问题的方法。

细腻的一面：

对自然的敏感：生活在海洋环境中，嵊泗人对自然的变化有着敏锐的感知。他们能够准确地根据天气、海况等变化调整自己的生活和工作。

对生活的热爱：嵊泗人对海洋生活充满热爱，他们喜欢捕鱼、垂钓等海上活动，这种对海洋生活的热爱表现出他们对自己家园的深厚感情。

传统文化的传承：嵊泗人传承了丰富的海洋文化，包括海上祭祀、渔民歌谣等传统。这种对传统文化的继承体现了他们对历史、文化的细腻关怀。

对家庭的关注：嵊泗人在粗犷的海上工作之外，对家庭有着深厚的关怀。他们注重家庭的温暖，努力创造一个安稳、和睦的家庭环境。

综合来看，嵊泗人的粗犷和细腻之间形成一种独特的平衡，这使得他们在面对海洋生活的艰难和变幻时，能够既坚韧果敢又保持细腻体贴。这种性格特质也反映在他们的艺术、音乐和日常生活中。

2. 勇敢不屈的意志以及对生活的美好追求和强烈渴望

千百年来，渔民每逢新船下水或

新房落成，总要请民间画匠描绘各式各样绚丽多姿的图画，装饰视为生命的船只和居室。嵊泗渔民画的内容多与大海有关，同渔民的生活息息相关。在一幅幅极具想象力的画作里，流淌着嵊泗列岛先民奋斗的意志，呈现出

渔家儿女对理想、对生活的美好追求和强烈渴望。

（三）语言与象征符号

1."目识心记"的感知方式

"目识心记"是一种嵊泗渔民画家在创作时常用的感知方式，这种方式突显了嵊泗渔民画作品的独特风格和传统文化的深刻内涵。嵊泗渔民画家在创作中通过目视周围的海洋、渔村、渔具等元素，用眼睛去感知和捕捉生活中的各种细节。这包括观察海上的变化、家庭的日常、渔民的劳作等。"目识"注重观察事物的细微之处，通过对色彩、形状、纹理等方面的把握，传达出真实而细腻的生活场景。"心记"强调的是画家对所观察事物的内心体验和情感记忆。嵊泗渔民画家在创作中注重表达自己对海洋、生活、家庭等的感悟和情感体验。通过心灵的体验和情感的抒发，画家赋予作品更深层次的内涵，使观者能够与作者情感共鸣。"目识心记"的感知方式不仅是对外界客观事物的观察，更是将这些观察与内心深处的情感融合在一起，通过画笔将自己的感悟表达出来。这种整合让嵊泗渔民画作品不仅是生活场景的简单描绘，更是对生活真实性

的再现，体现了画家对生活的深刻理解和独特视角。"目识心记"体现了嵊泗渔民画传统的感知方式，强调通过观察和情感表达传递文化、生活的内涵。与此同时，画家在创作中也注入了一些创新元素，使作品更富有现代感和个性，既尊重传统又符合当代审美需求。总体而言，"目识心记"的感知方式使嵊泗渔民画具有鲜明的地方特色，展现了对家乡海洋文化和生活的独到理解，使作品更具深度和情感共鸣。这种方式的传承和发展有助于保护和传承嵊泗渔民画的独特艺术风格。

2. 散点透视的技法

散点透视是一种绘画技法，常用于创造透视感和深度感。在嵊泗渔民画中，采用散点透视技法有助于呈现更加生动和立体的画面，增强观者对画面深度的感知。散点透视侧重于通过点的密度和分布来表现深度和远近关系。在嵊泗渔民画中，画家可能使用不同大小、颜色和密度的点，通过点的布局和变化来创造出画面中的空间感。通过在画面中使用较小、较淡的点，画家可以模拟出远处的景物。相反，使用较大、较深的点则可以在画面前景产生更强烈的影响。这种手法使得观者能够感受到画面中不同区域之间的距离感，增加了逼真感和立体感。通过在画面中使用散点透视，画家能够更好地塑造画面深度。例如，在描绘海洋的远景时，画家可以使用稀疏的、细小的点，而在近景中使用更密集、更明显的点，以突显近景物体的立体感。散点透视技法还能用于描绘画面中的细节，例如表达海浪的泡沫、远处山脉的层次感等。通过使用点，画家可以更精细地表达出各种细小的元素，使画面更加丰富和生动。散点透视不仅是一种技术手法，还能用于传达情感。通过点的排列和变化，画家可以传递出特定的情感，如宁静、激荡、生机等，与嵊泗渔民画所要表达的海洋文化和渔民生活情境相契合。嵊泗渔民画家通过巧妙运用散点透视技法，能够更好地展现海洋景色的深远和变幻，使观者能够沉浸在富有层次感和立体感的艺术世界中。

3. 造型夸张、色彩强烈的海岛绘画特点

创作者们凭自己的认知方式、想象对生活印象进行多角度、多侧面的表现，然后交织成一个具有民间特色

的造型。如在渔民看来，当鱼被网罩住时，海鸥一定飞来，因而两者可以自然相连。渔民画家们把不同时间、不同空间、不同视点和各种物体的特征概念错综复杂地交织在一起，也可以把自己感兴趣的东西都描绘在一幅画面中，使画面有很大的生活容量。因此渔民画造型不受限制，大胆想象，常常以自己的海洋感情为中心，根据需要在同一画面里出现仰视、俯视、平视、侧视等表现，构成特殊的造型模式。在色彩的运用上，渔民画作者按照自己的美感意象，主观地运用色彩。他们重视色彩的主观感情作用，把色彩当作表达情感的手段而不受各种色彩关系的限制。在具体的描绘中，作者首先吸收海岛传统艺术的用色特点，大红大绿、黑白相间，按照自己的思想意图和审美需求予以重新安排，而且他们喜欢用原色，使画面显得凝重、典雅、鲜艳、高贵又极富装饰效果。

4. 古朴、抽象的艺术风格

渔民画创作者依据长年在头脑中凝结的经验材料，以渔家的思维方式进行自由组织。他们的画作是生活、想象与梦幻的自然结合，透露出一种未经雕琢的远古神话意味，笼罩着古朴神秘的色彩。在这种只有渔民才有的"大海素质""大海情感"中孕育出的特殊画面意境，有着一种无法意料的形式美感。同时，渔民画的创作人员都是来自渔家的绘画素人，除少数具有些许的素描基础外，绝大部分人从前未拿过画笔。这些握惯渔网和梭子的双手，恰恰能更纯洁、直率地表达他们对造型、色彩的见解，没有绘画的常规训练反而使他们更自由地展现自己的感受和喜好。

二、核心基因提取与评价

基于对材料的全面、深入分析，本文化元素的核心基因可表述为"粗犷又细腻的海洋人文性格""古朴、抽象的艺术风格""造型夸张、色彩强烈的海岛绘画艺术特点"。

渔民画核心文化基因评价依据

评价项目	评价因子	评价依据（特点）	是否
生命力评价	文化基因存续的时间	自出现起延续至今，未曾明显中断	√
		自出现起延续至今，但多次衰微、中断后复兴	
		曾明显衰败，改革开放后开始复兴或历史溯源关键环节缺失，难以考证	
		文化形态主体已灭失，现存部分痕迹	
	文化基因的稳定性	在发展过程中保持相当稳定的状态	√
		在发展过程中存在明显的精神内涵、表现形式剧变	
凝聚力评价	文化基因的凝聚力及社会动员效果	曾广泛凝聚起区域群体的力量，显著推动过社会经济文化的发展	
		曾部分凝聚起区域群体力量，对社会经济文化的发展产生过影响	√
		凝聚过力量，创造过实际的发展动能，但未见对社会经济文化发展产生显著改变	
		仅在历史文献或口耳相传中存在，未见实际介入社会经济发展	

续表

评价项目	评价因子	评价依据（特点）	是否
影响力评价	辐射的范围	具有全国性、世界性的影响力	
		具有长三角区域、浙江省影响力	
		具有市县、乡镇影响力	√
	提炼的高度	已经被古代文人士大夫和当代学者提炼为精神符号和理念理论	
		单纯的样式、造型、工艺技术规范	√
发展力评价	与当代精神追求和价值观念的契合	传统文化基因得到创造性转化、创新性发展；区域革命文化基因被完整继承、广泛弘扬；区域社会主义先进文化基因成为与浙江"三个地"相适应的文化高地	√
		部分转化、部分弘扬、部分发展	
		难以转化、难以弘扬、难以发展	

说明：基因特点评价是对解码出来的基因，根据本《导则》表2的要求，围绕"四个力"逐一对表打"√"，进行定性表述

（一）生命力评价

嵊泗渔民画在表达渔民文化、海洋生活和地方传统的同时，融入了艺术家独特的创造力、情感表达以及对当代社会和观众需求的回应。嵊泗渔民画承载着深厚的海洋文化和渔民传统。通过对当地传统文化的传承，画作呈现出丰富的历史故事、民俗风情和渔民生活，使之成为嵊泗文化的重要组成部分。艺术家在渔民画的创作中注入了个人的创造力和艺术才华。通过对色彩、形状、线条的独特运用，艺术家创造出富有想象力和审美感的作品，使渔民画更富艺术性和表现力。嵊泗渔民画并非停留在传统，而是与时俱进。艺术家们在作品中灵活运用现代艺术元素，结合当代社会的需求和审美趋势，使渔民画具有更广泛的吸引力。渔民画通过对生

活、自然和家庭的情感表达，赋予作品更加深刻的内涵。观者能够感受到艺术家对家乡、海洋以及生命的热爱和情感共鸣，从而建立起强烈的情感联系。嵊泗渔民画以其丰富的题材和多样的表现形式展示了艺术的多面性。从海洋风景、渔村生活到抽象艺术，不同的画作为观众提供了多样的观赏体验。嵊泗渔民画受到社会的认可和传播，成为地方文化的代表之一。展览、活动以及社交媒体的传播使渔民画得以走向更广泛的观众，进一步激发了人们对其的兴趣。综合来看，嵊泗渔民画之所以具有强大的生命力，既在于对传统文化的坚守和传承，也在于艺术家的创造力和对当代社会的回应，以及社区的共同努力和认可。这使得嵊泗渔民画在当地文化传承和艺术创作领域发挥着重要的作用。

（二）凝聚力评价

嵊泗渔民画具有强大的凝聚力，源于它在传承文化、表达社区共鸣以及促进社区互动方面的独特作用。嵊泗渔民画作为本地文化的载体，通过描绘海洋文化、渔民传统等题材，深刻展示了地方文化的内涵。这种文化

传承激发了居民对自己文化身份的认同感，形成了共同的文化认同，进而增强社区凝聚力。嵊泗渔民画以其对当地历史和传统的表达，使社区成员在共同的文化记忆中建立起联系。这种共同的历史感受和传统回忆形成了社区居民之间的情感纽带，增强了社区成员的凝聚力。渔民画的创作通常涉及一群有共同兴趣的艺术家，他们共同追求艺术创作，并形成一个小型的艺术家社群。这种社群有助于彼此之间的交流合作，进而促进社区内艺术创作的发展。举办渔民画的展览、艺术活动以及社区互动项目，使社区居民积极参与并共同分享这一文化活动。这种参与和互动增强了社区成员之间的联系，形成了共同的兴趣爱好，促进了社区的凝聚力。渔民画通常以海洋为主题，关注自然环境和可持续发展。通过共同关注这些问题，社区居民在保护自然、倡导可持续发展等方面形成了共同的价值观，从而增强了社区的凝聚力。渔民画的创作、展览和相关文化活动成为社区传统的一部分，这种传统的延续为社区居民提供了参与的机会，促进了社区内人际关系的密切化和凝聚力的增强。综合来看，嵊泗渔民画通过文化传承、社区参与、共同关注的方式，形成了一种强大的凝聚力，将社区居民联系在一起，共同追求、分享和传承着这一独特的艺术文化。这有助于构建一个有着共同价值观和情感认同的社区。

（三）影响力评价

嵊泗渔民画强大的影响力，主要体现在其对地方文化、艺术传统、社区凝聚等方面的积极影响。嵊泗渔民画作为本地文化的代表，通过描绘海洋生活、渔村风情等题材，将当地独特的文化传统传播到更广泛的社会。这有助于增加人们对嵊泗地区的了解，提高地方文化的认知度。通过渔民画的创作和传承，嵊泗地区的海洋文化和渔民传统得到了有效的保护。这种文化的传承不仅有助于维护地方传统，也在一定程度上促进了与当代社会的对话。嵊泗渔民画的创作和展示活动在社区内营造了浓厚的艺术氛围。艺术家和观众之间的互动促进了艺术创作的发展，提升了社区成员对艺术的兴趣和参与度。渔民画通常以海洋为主题，通过画作对海洋生态环境的关切和对可持续发展的呼吁，影响了社会大众对环境保护的认知。这有助于塑造人们的环保意识，推动可持续发展理念的传播。嵊泗渔民画在本地社区激发了艺术创作的热情。更多的艺术家可能会受到渔民画的启发，开始创作与本地文化相关的艺术作品，推动艺术创作的多样性和丰富性。嵊泗渔民画的独特魅力有助于吸引游客和艺术爱好者，推动了文化旅游的发展。通过艺术活动和展览，游客更深入地了解当地文化，促进了地方经济的发展。嵊泗渔民画的独特性和传统价值也在艺术界产生了影响。这种独特的地方文化表达形式引起了艺术爱好者和专业从业者的关注，为当地的艺术创作赢得了更广泛的认可。总体来说，嵊泗渔民画对文化、社区、环境等方面的关注和表达，具有强大的影响力，对当地社区的发展和艺术文化的传播都产生了积极的作用。

（四）发展力评价

嵊泗渔民画强大的发展力，主要表现在其创新能力、对当代审美的敏感性以及数字化传播等方面的积极作用。嵊泗渔民画在传承传统的基础上，通过艺术家的创新能力不断丰富表现形式、题材和艺术语言。艺术家们引入当代艺术元素、新媒体技术等，使渔民画在传统基础上焕发出新的生机，使其具备更强的吸引力。嵊泗渔民画在传统文化的基础上，积极对接当代审美观念。艺术家关注当代社会问题、表达个体情感体验，使作品更具时代感和观赏性，吸引更广泛的受众，从而推动渔民画的发展。数字化媒体的兴起为嵊泗渔民画的传播提供了新的机遇。通过互联网、社交媒体等平台，渔民画得以更广泛地传播。这种数字化传播形式有助于将嵊泗渔民画推向国际舞台，扩大其影响力，促使更多人了解和关注。嵊泗渔民画有望成为地方文化产业的重要组成部分。通过将艺术创作与文化旅游、手工艺品制作等产业相结合，可以为当地经济带来新的增长点，促进相关产业的发展。与其他艺术形式和产业的跨界合作有助于拓宽渔民画的发展空间。与设计、时尚、文创产业等领域的合作，可以创造出更多元、创新的文化产品，提升渔民画的市场竞争力。积极参与国际艺术交流与合作，将嵊泗渔民画推向国际舞台。国际交流有助于拓宽视野、引入外部文化元素，为渔民画注入新的活力，促进其与国际艺术潮流对话。综合来看，嵊泗渔民画通过不断创新、社区支持、数字化传播等多方面的努力，展现出强大的发展力，为其在当代艺术领域中的持续繁荣提供了有力支持。

三、核心基因保存

　　"粗犷又细腻的海洋人文性格""古朴、抽象的艺术风格""造型夸张、色彩强烈的海岛绘画艺术特点"作为渔民画的核心基因，文字资料保存在盛文强《渔民画记》、金瑛《列岛遗风》，实物材料保存在嵊泗县文化馆、舟山市群艺馆。

传统渔业捕捞

嵊泗渔歌 嵊泗文化基因

传统渔业捕捞

　　海洋捕捞曾是嵊泗赖以生存的主要手段。千百年来，嵊泗
经过长期的摸索和积累，逐渐形成了一套捕捞海产品的生产习
俗。这一传统生产习俗，无论是技术还是工具，在整个海洋捕
捞业中都具有一定的先进性，尤其在小黄鱼、大黄鱼、墨鱼、
带鱼四大鱼汛的捕捞上更是久负盛名。

　　每当渔汛到来时，千百艘渔船汇聚嵊泗，蓄势待发。根据
不同的捕捞目标，渔民采用对网法、拖网法、延绳钓等不同的
技法。历经千百年的传承和创新，这些捕捞技艺卓有成效，为
嵊泗的经济发展和渔业文化发展奠定了坚实的基础。

与工具、技法相配套的是分工制度和指挥体系、分配体系。渔船上有船老大、后多人、二多人、头多人、出网、出袋等职位,分别负责团队管理、驾驶、设备工具的保养和修补等工作,分工合理、秩序井然,保障了航海安全、提高了作业效率。当打渔结束、销售了大部分渔获后,渔民们还会进行"抽长股"仪式来共享余下的水产品,体现了公平的分配原则。

一、要素分解

（一）物质要素

1.品类繁多的捕捞工具

嵊泗渔业捕捞工具丰富多样，以适应不同种类的渔业作业。以下是一些在嵊泗地区常见的渔业捕捞工具：

渔网：渔网是最基本、最常见的渔具之一，用于捕捞各种鱼类。根据不同的捕捞目标，有拖网、刺网、围网等不同类型的渔网。

渔具：传统的渔具如渔竿、渔线、鱼钩等仍然在嵊泗地区被广泛使用。这些渔具主要用于小规模捕捞和休闲垂钓。

拖网：用于在海底拖曳，捕捞底层鱼类的工具。拖网的大小和结构因捕捞目标而异。

刺网：一种固定在框架上的网，用于固定在水中，通过水流或者船只的移动捕捉游动的鱼类。

围网：用于在水中设置成圈状，通过拖拽或者漂浮捕捞，通常用于捕捉鱼群。

渔具车：一种具有自行移动能力的渔具，常用于在海面上拖曳渔网，适用于大面积的捕捞。

渔船：渔船是进行大规模渔业活动的主要工具之一。根据捕捞的不同方式，有拖网渔船、围网渔船等。

拖拽工具：用于拖曳渔网或者其他捕捞工具的工具，通常由渔船牵引。

捕鱼笼：小型捕鱼笼常用于近海捕捞，特别适用于捕捉蟹类、贝类等。

刺钩：一种用于捕捉大型鱼类的渔具，通过在鱼类体表或嘴巴处刺钩而将其捕获。

2.丰富的渔业资源

嵊泗是全国十大渔业县之一，地处著名的舟山渔场中心，水产品资源丰富，被称为"东海鱼仓"和"海上牧场"。盛产带鱼、大小黄鱼、墨鱼、鳗鱼和蟹、虾、贝、藻等500多种海洋生物。嵊泗县还被中国渔业协会授予"中国贻贝之乡"称号，拥有全省最大的贻贝产业化基地和深水网箱养殖基地。嵊泗的贻贝产品曾荣获国际农业博览会金奖、浙江省渔业博览会金奖，并被认定为省级绿色食品、优质无公害产品和省级名牌产品，中国国家地理标志产品。嵊泗是宁波、上海及长三角地区鲜活水产品供应基地，2013年实现水产品总产量31.5万吨，渔业总产值31.28亿元。

（二）精神要素

1.**团结互助、共抗海难的人道主**

义精神

嵊泗渔民"团结互助、共抗海难"的人道主义精神体现在他们在海上工作中互相支持、携手应对风险和困难的共同信念。这种精神在渔业社区中扮演着重要的角色，不仅体现了渔民之间的紧密联系，也反映了对生存环境的共同关切。

团结合作：嵊泗渔民面对海上的艰难时刻，展现了强烈的团结合作意识。无论是共同投放渔网、协同驾驶渔船，还是在捕获大批鱼群时互相协助，都体现了他们相互之间的信任和默契。

共同应对风险：在海上工作存在着各种风险，如恶劣天气、海浪、风暴等。嵊泗渔民明白这些风险可能对他们的生命和财产造成威胁，因此他们更愿意共同应对这些风险。在面对自然灾害或突发状况时，彼此之间提供支持，共同努力以保护每个人的安全。

信息分享和经验传承：渔民之间通常会分享海上作业的信息和经验。这种信息的传递不仅帮助他们更好地理解海洋环境，还有助于提高应对突发状况的能力。老一辈的渔民往往会将丰富的经验传授给年轻一代，形成渔业知识的传承。

共同面对灾害：当面临灾害时，如风暴、海啸等，嵊泗渔民往往会联合起来，共同保护自己和家园。这包括联合撤离、共同保护渔船等措施，旨在减少灾害对他们的影响。

互相援助：在渔业社区中，互相援助是一种常见的行为。当有渔船出现故障、需要修理时，其他渔民可能会主动前来提供帮助。这种互助的文化维护了整个社区的稳定和安全。

人性化的关怀：嵊泗渔民不仅在工作中相互支持，在生活上也展现了人性化的关怀。面对个体的困境，社区成员往往会积极提供帮助，体现了关心和互助的人道主义精神。

这种"团结互助、共抗海难"的人道主义精神不仅是渔民生存和发展的内在需求，也是他们共同文化传统的一部分，使整个渔业社区更具凝聚力和抗风险能力。这种人性化的关怀和互助精神构建了坚实的社区基础，使渔民能够更好地应对各种挑战。

2.不畏艰险、坚忍不拔的开拓者精神

嵊泗渔民"不畏艰险、坚忍不拔"的开拓者精神是一种在面对困境和挑战时坚韧不拔、勇往直前的精神品质。

这种精神在他们长期从事海上渔业的过程中表现得尤为明显，体现了对自然环境的适应力和在生活困境中的乐观坚持。

勇攀高峰：嵊泗渔民在海上工作时，经常会面临恶劣的天气、波涛汹涌的海浪等极端环境。然而，他们并不因艰险而退缩，相反，他们敢于冒险，勇攀高峰，迎难而上，不畏惧自然的严峻考验。

对抗自然灾害：海上工作存在诸多不确定性，如风暴、海啸等自然灾害，这对渔民构成了极大的威胁。嵊泗渔民展现出的坚韧不拔的精神使他们能够勇敢面对自然灾害，通过团结协作、及时调整作业计划等方式对抗困境。

顽强的耐力：渔业工作通常需要长时间的劳动，而且往往在变幻莫测的海上环境中进行。嵊泗渔民表现出的坚忍不拔的耐力使他们能够应对持久的劳动和极端的气候条件。

对挑战的积极应对：面对海上工作中的各种挑战，包括捕捞技术的不断改进、船只维护的复杂性等，嵊泗渔民展现出积极主动的态度，努力应对并不断寻求改进和创新。

对经济风险的应对：渔业生产具

有一定的不确定性，捕获量的波动、市场价格的波动等因素都可能对经济产生影响。嵊泗渔民通过坚韧的精神，努力克服这些风险，寻找应对的方法，保持经济的可持续性。

传统与现代的结合：嵊泗渔民在坚守传统的同时，也敢于尝试新技术、新设备，寻求更高效的渔业生产方式。这种开拓者精神使他们能够更好地适应时代的发展，保持对未来的积极探索。

对未知领域的勇敢探索：嵊泗渔民不仅在传统的渔业领域表现出勇往直前的精神，还在对未知领域进行勇敢探索。例如，开展海洋旅游、文化创意等新兴产业，展现了对多元化经济发展的开拓者精神。

这种"不畏艰险、坚忍不拔"的开拓者精神是嵊泗渔民在长期海洋劳动中形成的一种价值观，不仅在维护渔业生计方面起到关键作用，也为他们在面对社会、经济、环境等多方面的挑战时提供了强大的内在动力。

（三）制度要素

1. 古老而智慧的捕捞技术

历代嵊泗渔民观察、总结捕捞经验，研发捕捞技术，形成了以渔汛、渔场、渔船、捕捞技法为中心的经验技术体系。渔汛指一年中某一特定水生经济动物高度集中、适合捕捞的时间；渔场指该生物高度集中、适合捕捞的场所；捕捞技法指捕鱼的技术组织方法，比如捕捞小黄鱼用对船法、捕捞大黄鱼用涨大蒲法和流网法、捕捞墨鱼和带鱼用网拖法等。

2. 成熟的职位分工体系

渔船上团队成员分工明确，有主要管理协调工作的"船老大""后多人""二多人""头多人"，有负责具体航行、捕捞、后勤等工作的"出网""出袋""拖下杠"等，各船员各司其事、从不怠慢，忙碌时船上的劳动项目都共同参与。

3. 和谐礼让的海上航行规范

嵊泗地区的海上航行规范秉持着和谐礼让的原则，旨在确保海上交通的安全有序，同时维护渔业生产和海洋环境的和谐共存。以下是嵊泗和谐礼让的海上航行规范的一些主要内容：

渔船与商船协调：渔船和商船应该通过广播、船舶识别等方式提前告知彼此的航行意图，确保航线和行驶速度不会干扰对方的正常行驶。

避让原则：遇到渔船、小艇等较

小型船只的大型商船应采取避让措施，以确保小型船只的安全通行。渔船在遇到其他船只时，应该避让具有导航优先权的船只，如正在进行引航、捕捞等特殊活动的船只。

礼让捕捞区域：船只在接近渔民捕捞区域时，应该保持适当的距离，不得干扰渔民的正常作业。特别是在渔船正在使用拖网等设备时，其他船只要保持安全距离。

速度控制：在繁忙水域或者渔业活动区域，船只应该适当控制航速，以确保在需要时能够及时做出反应，避免碰撞事故的发生。

合理停泊：在港口或者其他停泊区域，船只应该合理停泊，避免阻碍其他船只的通行。停泊时应适当地使用锚地和缆绳，确保船只的稳定。

避让渔具：船只在海上航行时，应该避让渔具，不得损坏渔网、渔具等设备。在发现渔具时，应该迅速采取措施避让。

危险品运输规定：运输危险品的船只应该遵守相关的安全规定，采取必要的安全措施，以防范事故的发生。

应急响应：在海上遇到紧急情况时，船只应该按照相关规定采取紧急响应措施，包括发出紧急广播、采取避险动作等。

环保意识：船只在海上航行时应保持对海洋环境的敬畏和保护意识，避免污染海洋，不得随意排放废弃物。

合作与协调：不同类型的船只在共用水域时，应该加强合作与协调，保持通信畅通，通过互相提供信息和协调行动，确保海上航行的和谐有序。

这些规范旨在在确保海上交通安全的同时，促进船只间的和谐互动，尊重不同船只的航行需求，保障渔业生产和海洋环境的和谐发展。在和谐礼让的原则指导下，嵊泗海域的船只能够更好地共享这片美丽的海域资源。

（四）语言与象征符号

1. 渔船

渔船是嵊泗海洋捕捞的主要工具，常常被视为生活的支柱和丰收的象征。在文学、艺术作品中，渔船往往被描绘为穿越海浪、勇往直前的象征，代表着渔民的勇气和坚韧。

2. 渔网

渔网是捕捞的重要工具，它捕获着海洋的丰富资源。在文化中，渔网象征着人们通过努力和智慧从海洋中获取丰富的生活。

3. 航海图

航海图和导航工具是海洋捕捞中的关键元素，它们象征着渔民对海洋环境的了解和对安全航行的追求。

4. 渔获物

丰收的渔获物，如鱼、虾、贝类等，常常被视为海洋捕捞成功和丰收的象征。这些丰收的海鲜不仅满足了渔民的生计，也为当地社区带来了繁荣。

5. 海洋图腾

海洋图腾是一些嵊泗渔村的象征，这些图腾可以包括海洋动植物、渔业工具等元素，反映了渔民对海洋生态的崇敬和依赖。

6. 航海灯塔

灯塔是海上航行的重要辅助设施，它在文化中可能被视为安全和引导的象征，代表着在茫茫大海中找到回家的方向。

7. 渔歌

渔歌是嵊泗渔民在捕捞过程中常常演唱的歌曲，它们可以包含对海洋生活、丰收和航海历程的赞美，成为捕捞活动中富有情感和韵律的象征。

8. 捕捞季节

特定的捕捞季节象征着生命的轮回和丰收的开始。渔民会在特定的季节出海，将这一时刻视为一年中最重要的时刻之一。

二、核心基因提取与评价

基于对材料的全面、深入分析，本文化元素的核心基因可表述为"不畏艰险、坚忍不拔的开拓者精神""和谐礼让的海上航行规范""团结互助、共抗海难的人道主义精神"。

传统渔业捕捞核心文化基因评价依据

评价项目	评价因子	评价依据（特点）	是否
生命力评价	文化基因存续的时间	自出现起延续至今，未曾明显中断	√
		自出现起延续至今，但多次衰微、中断后复兴	
		曾明显衰败，改革开放后开始复兴或历史溯源关键环节缺失，难以考证	
		文化形态主体已灭失，现存部分痕迹	
	文化基因的稳定性	在发展过程中保持相当稳定的状态	√
		在发展过程中存在明显的精神内涵、表现形式剧变	
凝聚力评价	文化基因的凝聚力及社会动员效果	曾广泛凝聚起区域群体的力量，显著推动过社会经济文化的发展	√
		曾部分凝聚起区域群体力量，对社会经济文化的发展产生过影响	
		凝聚过力量，创造过实际的发展动能，但未见对社会经济文化发展产生显著改变	
		仅在历史文献或口耳相传中存在，未见实际介入社会经济发展	

评价项目	评价因子	评价依据（特点）	是否
影响力评价	辐射的范围	具有全国性、世界性的影响力	
		具有长三角区域、浙江省影响力	√
		具有市县、乡镇影响力	
	提炼的高度	已经被古代文人士大夫和当代学者提炼为精神符号和理念理论	√
		单纯的样式、造型、工艺技术规范	
发展力评价	与当代精神追求和价值观念的契合	传统文化基因得到创造性转化、创新性发展；区域革命文化基因被完整继承、广泛弘扬；区域社会主义先进文化基因成为与浙江"三个地"相适应的文化高地	
		部分转化、部分弘扬、部分发展	√
		难以转化、难以弘扬、难以发展	
说明：基因特点评价是对解码出来的基因，根据本《导则》表2的要求，围绕"四个力"逐一对表打"√"，进行定性表述			

（一）生命力评价

嵊泗传统渔业捕捞具有强大的生命力，这主要体现在以下几个方面：

1. 丰富的海洋资源

嵊泗地处东海，拥有丰富多样的海洋资源。这一地理位置为传统渔业提供了充足的捕捞资源，包括各种鱼类、贝类、虾蟹等。这种资源的丰富性为传统渔业的生存提供了坚实的物质基础。

2. 渔业技术的传承和创新

嵊泗的渔民世代传承渔业技术，传统的捕捞技艺在家族和社区中得以传承。与此同时，渔业技术也在不断创新和改进，以适应新的捕捞需求和环境变化。这种技术的传承和创新使得嵊泗的传统渔业保持了强大的适应性和生命力。

3. 渔民的坚韧和勤劳

嵊泗渔民以其坚韧不拔的品质和艰苦努力的工作态度而闻名。他们在海上工作勤奋，对面临的种种困难表现出强大的毅力和适应力。这种坚韧和勤劳的品质是传统渔业保持生命力的重要因素。

4. 文化传统的涵养

渔业在嵊泗的文化传统中占有重要地位，被视为一种生活方式和文化认同的象征。这种文化传统的涵养使得嵊泗渔民对传统渔业保持着强烈的认同感，愿意将其传承给下一代，从而保持了传统渔业的生命力。

5. 对环境的尊重和可持续经营

嵊泗渔民通常对海洋环境保持高度的尊重，并且注重可持续经营。通过合理的捕捞方式和管理，他们努力保护渔业资源，以确保这一传统行业能够长期发展。

综合而言，嵊泗传统渔业之所以具有强大的生命力，既源于丰富的海洋资源，又得益于渔业技术的传承和创新、渔民的坚韧努力、社区协作、文化传统的涵养以及对环境的尊重。

这些因素相互交织，共同维系着嵊泗传统渔业的持续发展。

（二）凝聚力评价

嵊泗传统渔业捕捞在社区中具有强大的凝聚力，这体现在以下几个方面：

1. 共同的生计依赖

嵊泗地区的渔民生活在相对封闭的海岛环境中，他们的生计高度依赖于海洋资源的捕捞。因此，渔民们共同分享对海洋的依赖，形成了一种共同的生计依赖感。这种依赖关系使得渔民在捕捞活动中形成了紧密的群体联系。

2. 相互帮助和合作

渔民在海上工作时，通常需要相互协助和合作，共同应对各种风险和困难。这种相互帮助的精神在捕捞活动中得到体现，促使渔民形成一个紧密团结的社群。共同努力和相互合作使得整个社区形成了稳定的凝聚力。

3. 传统文化的传承

嵊泗的渔民通常将捕捞技艺和生活智慧代代相传，形成了独特的渔业文化。这种文化的传承不仅弘扬了传统，也在社区中培养了一种共同的认同感。渔民通过共同参与传统文化的活动，如渔歌演唱、渔具的制作等，增进了社区成员之间的凝聚力。

4. 共同的经济利益

传统渔业活动直接关系到社区的经济状况。捕捞到的海产品不仅为渔民提供生计来源，也为整个社区带来了经济利益。这种共同的经济利益构建了社区成员之间的合作共赢关系，加强了他们之间的凝聚力。

5. 面对自然灾害的共同抗争

嵊泗地区常常面临台风、风暴潮等自然灾害，这时渔民需要共同抗争，保护自己的生命和财产。在自然灾害面前，社区成员通常会齐心协力，共同应对危机，这种共同的抗争经历进一步强化了社区的凝聚力。

6. 文化活动和社区庆典

渔民社区通常会组织一些传统的文化活动和庆典，如海神祭祀、船队游行等，这些活动汇聚了社区成员共同参与。这些活动不仅弘扬了传统文化，也增强了社区的凝聚力。

嵊泗传统渔业的强大凝聚力源于渔民们共同的生计依赖、相互帮助和合作、传统文化的传承、共同的经济利益、面对自然灾害的共同抗争，以及举办文化活动和社区庆典等多个方面。这种凝聚力不仅在日常生活中维系社区和谐，也在面对各种挑战时表现得更为显著。

（三）影响力评价

嵊泗传统渔业捕捞具有强大的影响力，主要表现在以下几个方面：

1. 经济支柱

传统渔业一直以来都是嵊泗地区的经济支柱之一。捕捞到的海产品为当地提供了丰富的食物资源，同时也是重要的经济来源。渔业直接影响着当地居民的生计和社会的经济发展。

2. 社区稳定与发展

传统渔业的繁荣不仅对个体渔民的生计有着直接的影响，也关系到整个社区的稳定与发展。渔业产业链的发展带动了相关产业和服务业的兴盛，为社区创造了就业机会，提高了居民的生活水平，促进了社会的繁荣。

3. 文化传承

嵊泗的传统渔业是当地文化的一部分，通过代代相传的捕捞技艺、船歌、船舶制作等传统文化，渔业成为嵊泗地区的文化符号。这种文化传承不仅在社区中弘扬了传统，也为当地建立了独特的文化身份。

4. 旅游吸引力

嵊泗的传统渔业为地方旅游业提供了重要的吸引力。游客来到嵊泗，可以亲身体验渔民的捕捞生活、品尝新鲜的海鲜、欣赏传统渔村的风情，从而使传统渔业成为当地旅游业的亮点之一，为地方经济注入新的动力。

5. 生态平衡与环保

渔民对海洋的依赖使其对海洋生态系统的变化高度关注。作为渔业从业者，渔民通常会积极参与维护海洋环境和生态平衡的行动，这种环保意识在社区中起到了示范和引领的作用，影响着更广泛的社会。

6. 地方形象与认同感

传统渔业是嵊泗地区的一个重要特色，成为当地的地方形象之一。渔民和他们的捕捞活动为嵊泗赋予了独特的海洋风情，使得居民对本地区的认同感更加强烈。

7. 社会融合与交流

传统渔业活动促进了社区成员之间的互动和交流。渔民们在共同的捕捞活动中建立了深厚的人际关系，社区在这种共同体验中实现了社会融合。这种社会互动不仅在经济层面上产生影响，也在社会文化层面上形成了一种共同体。

嵊泗传统渔业捕捞通过经济、社会、文化等多个方面产生着深远的影响，使得这一传统行业在当地社区中具有不可忽视的地位。它不仅是生活的一部分，更是形塑当地社区形象、文化认同和经济发展的力量。

（四）发展力评价

嵊泗传统渔业捕捞具有强大的发展力，这体现在多个方面：

1. 丰富的海洋资源

嵊泗位于东海，拥有丰富多样的海洋资源。这为传统渔业提供了丰富的捕捞资源，有助于保持渔业的稳定和可持续发展。

2. 传承与创新

渔民代代相传的捕捞技艺和经验，使得渔业在传统的基础上不断发展。渔业从业者在保持传统技术的同时，也积极采用新技术、新设备，实现传承与创新的有机结合。

3. 多元化经营

随着社会的发展和需求的变化，嵊泗的渔民逐渐实现了渔业的多元化经营。除了传统的捕捞活动，一些渔民涉足海洋旅游、海产品加工等领域，为渔业注入了新的发展动力。

4. 技术改进

渔业技术的不断改进提高了捕捞效率和产量。现代科技的运用，如卫星导航、渔具改进等，使得渔民更加精准地定位和捕捞目标，提高了渔业的整体水平。

5. 文化传承与创新

渔业文化作为嵊泗的一部分得到传承，通过艺术、音乐、文学等形式，传统渔业在文化领域保持了发展的生命力。同时，文化创新也为渔业注入了新的内涵，使其更具活力。

6. 环保与可持续发展

嵊泗的渔民通常注重海洋环境的保护，提倡可持续渔业。这种环保意识促使渔民采用更加可持续的捕捞方式，确保海洋资源的长期稳定供应。

7. 地方经济推动力

传统渔业对嵊泗地方经济有着重要的推动作用。通过提供就业机会、带动相关产业的发展，渔业为当地经济注入活力，促使整个地区的经济发展。

总体而言，嵊泗传统渔业捕捞通过技术创新、文化传承、环保可持续发展等多个方面展现了强大的发展力，使得这一传统产业在不断变化的社会背景下保持着生机与活力。

三、核心基因保存

　　"不畏艰险、坚忍不拔的开拓者精神""和谐礼让的海上航行规范""团结互助、共抗海难的人道主义精神"作为传统渔业捕捞的核心基因，文字资料保存在《列岛遗风》，实物材料在嵊泗境内均有留存。

大悲山佛教文化

嵊泗渔歌 嵊泗文化基因

大悲山佛教文化

　　在嵊泗泗礁岛田岙村西北面有一座山，名叫"大悲山"，山上有一座庙宇叫作"灵音寺"，供奉如来佛和观音菩萨。相传这灵音寺落成不久，香火便十分兴旺，当家的华道法师十分自豪。有一天，来了一个外地和尚，自称方法师。方法师看了灵音寺，对华道法师说："贵寺罗汉堂恐有下陷之忧。"华道法师不以为然，只是淡淡一笑。方法师见状也就不说什么了，临别时在山门上挥笔写了"大悲"二字。过了几年，在一个狂风暴雨之夜，罗汉堂果然轰然倒塌。华道法师逃出山门外，惊恐之际猛见"大悲"二字，这才恍然大悟，意识到几年前乃是观音菩萨的点化，后悔当年不听菩萨的提醒，造成今日之后果，真乃大悲呀大悲！当罗汉堂重建之后，华道法师就在"大悲"二字后面加了一个"山"字，作为山名，一直沿用至今。

一千两百多年前，大唐的佛教文化已名扬四海。日本国的僧人来大唐参拜后，力邀大唐高僧去日本弘扬佛法，高僧鉴真去日本讲学。鉴真的船队从江苏扬州出发，途经嵊泗列岛的洋山港、马迹山，向东海偏北方向驶去。民间传说，鉴真一行开船不久，遇大风巨浪，船队无法前进，又无处躲避。这时，一道朝霞般的红光，指引着船队来到了五龙大悲山脚下。避过了风浪后，待日出东方，天空放晴，船队再次出发，谁知又遇更大风浪，只好又回大悲山脚下泊船避风。连续五次化险为夷，鉴真只好返回扬州，重振旗鼓，重造大船。十年之后，鉴真的船队第六次东渡，他们直驶嵊泗列岛的五龙大悲山脚下，泊船休整。鉴真高僧登临大悲山，祭拜了观音菩萨。这一次出航顺利，直驶日本，东渡成功。鉴真在日本创立了佛教律宗，被日本佛教界称为"圣僧"。后人为纪念鉴真东渡，特在大悲山脚下修建了"鉴真东渡泊舟处"纪念坛。

一、要素分解

（一）物质要素

1. 佛教圣地大悲山

大悲山位于泗礁岛东部，山体秀美，视景极佳，为嵊泗列岛第三高峰。其西连群峰，东滨大海，与基湖沙滩、南长涂沙滩形成等边三角形。登高远眺，四周金平岛、花鸟类岛、绿华岛、壁下岛、嵊山岛、枸杞岛、黄龙岛、马迹山等大大小小百余岛屿，一览无余，美不胜收，是观赏"姐妹沙滩"和海上千岛湖的最佳之地。唐时曾以大悲山称泗礁岛。后晋天福八年（943），即有僧人在山上建资福院，可谓嵊泗的佛教胜地。

2. 规模宏伟的灵音寺

灵音寺前身为资福院，清同治年间改为灵音寺，于1900年、2009年两次扩建，现有天王殿、圆通宝殿、大雄宝殿、罗汉堂、观音堂等诸多建筑，占地总面积400余平方米，体量较为庞大。1873年建造的灵音寺作为普陀山圆通庵的分寺，香火甚盛，1987年重建后更显辉煌。山顶是登高览胜的好去处，是鸟瞰基湖、南长涂两大沙滩美景的最佳观赏点，昔称"大悲极顶"。极目则岛礁远近耸峙，茫茫碧海蓝天间，云雾涌动。

（二）精神要素

1. 民众免除厄运、安居乐业的美好愿景

大悲山，其名取佛教"大悲拔一切众生苦"之意。在凶险的洋面和资源匮乏的海岛，嵊泗前人筚路蓝缕，求生存、图发展实属不易，于是他们来到大悲山焚香膜拜，寄托他们免于灾难困苦、追求美好生活的愿景。嵊泗民众希望摆脱困扰、免除各种厄运，过上平稳、安宁的生活。这可以涉及对自然灾害、疾病、经济困难等方面的保护和抵御。这种愿景反映了对家庭安全和社区稳定的渴望。"安居"意味着在一个安全、舒适、和谐的家庭环境中居住。这包括房屋的安全和健康，社区的安定和友好，以及与家人共同构建幸福生活的愿景。"乐业"表达了对于事业的热爱和对工作的满足感。嵊泗民众期望在自己钟爱的事业上有所成就，通过辛勤工作实现经济独立，从而为家庭和社区做出更多贡献。这一美好愿景体现了嵊泗民众对安宁、幸福生活的向往，同时也是他们为实现这一目标而努力奋斗的动力。这种愿景有助于构建一个积极向上、团结奋斗的社区氛围。

2. 大慈大悲的胸怀

大悲山以佛教观音文化中的大慈大悲而得名，观世音是最富有中国特色的佛菩萨，由于观世音菩萨代表着无限慈悲、救苦救难、与人为善，因此在嵊泗，民间对她有着很高的崇信度，这种"以善为本"的信仰也成为中国佛教文化以及传统民俗文化中极为重要的体现。

佛教强调慈悲为怀，尤其是在大乘佛教中，弘扬了大慈大悲的理念。这一理念体现了佛陀的教导，即发扬慈爱与悲悯，超越个人的狭隘利己，

为众生谋福利。佛教强调发扬慈悲心，即对一切众生怀有慈爱之心。

在佛教的教义中，大慈大悲是超越个人利益，涵盖整个众生的胸怀。通过培养慈悲之心，佛教倡导人们超越个人狭隘，将心怀大慈大悲的理念贯彻于生活的方方面面，以创造更加和谐、平等、幸福的社会。

（三）制度要素

1. 依山而建，气势雄伟的建筑布局

嵊泗大悲山，以佛教观音文化中的大慈大悲而得名，唐代著名高僧鉴真东渡时曾在此歇脚。灵音寺依山而建，西连群峰，东滨大海，始建于五代十国后晋天福八年（943），为嵊泗佛教胜地，历经千百年风雨，几经损毁又几度重修，寺庙僧侣众多，千余年来香火绵延，每年慕名前来烧香拜佛的四方信众络绎不绝，可谓福缘广聚。

2. 庄严隆重的祈福仪式

大悲山依托佛教文化，曾开展过盛大的"福如东海·祈福大典"系列活动，活动现场，众多僧众、信众齐聚一堂，共襄盛举。

（四）语言与象征符号

1. 大悲山的故事

在泗礁岛田岙村西北面有一座山，名叫"大悲山"，山上有一座庙宇叫作"灵音寺"，供奉如来佛和观音菩萨。

2. 和尚套的传说

传说1200多年前，唐代高僧鉴真为弘扬佛法，率领众僧漂洋过海，东渡日本传经。鉴真一行从扬州出发，中途遇上大风，船泊大悲山脚下海面。当晚，值班的小和尚玄能在巡视中不慎掉入海中，危急中抓住一片大木板，随潮漂泊，最后在嵊泗岛最东侧海湾抓住礁石才得以逃生。死里逃生的玄能凭着坚强意志，在岛上以种紫番薯为生，度过了30多个春秋冬夏，和岛上的渔民群众结下了深厚的友谊。玄能死后，乡亲们为了纪念他，特把他住过的地方命名为"和尚套"。

二、核心基因提取与评价

基于对材料全面、深入分析，本文化元素的核心基因可表述为"佛教圣地大悲山""民众免除厄运、安居乐业的美好愿景""大慈大悲的胸怀"。

大悲山佛教文化核心文化基因评价依据

评价项目	评价因子	评价依据（特点）	是否
生命力评价	文化基因存续的时间	自出现起延续至今，未曾明显中断	√
		自出现起延续至今，但多次衰微、中断后复兴	
		曾明显衰败，改革开放后开始复兴或历史溯源关键环节缺失，难以考证	
		文化形态主体已灭失，现存部分痕迹	
	文化基因的稳定性	在发展过程中保持相当稳定的状态	√
		在发展过程中存在明显的精神内涵、表现形式剧变	
凝聚力评价	文化基因的凝聚力及社会动员效果	曾广泛凝聚起区域群体的力量，显著推动过社会经济文化的发展	
		曾部分凝聚起区域群体力量，对社会经济文化的发展产生过影响	√
		凝聚过力量，创造过实际的发展动能，但未见对社会经济文化发展产生显著改变	
		仅在历史文献或口耳相传中存在，未见实际介入社会经济发展	

评价项目	评价因子	评价依据（特点）	是否
影响力评价	辐射的范围	具有全国性、世界性的影响力	
		具有长三角区域、浙江省影响力	
		具有市县、乡镇影响力	√
	提炼的高度	已经被古代文人士大夫和当代学者提炼为精神符号和理念理论	√
		单纯的样式、造型、工艺技术规范	
发展力评价	与当代精神追求和价值观念的契合	传统文化基因得到创造性转化、创新性发展；区域革命文化基因被完整继承、广泛弘扬；区域社会主义先进文化基因成为与浙江"三个地"相适应的文化高地	
		部分转化、部分弘扬、部分发展	√
		难以转化、难以弘扬、难以发展	
说明：基因特点评价是对解码出来的基因，根据本《导则》表2的要求，围绕"四个力"逐一对表打"√"，进行定性表述			

（一）生命力评价

大悲山佛教文化在社会中具有强大的生命力，表现在以下几个方面：

精神指导与心灵寄托：大悲山佛教文化提供了一种超越物质生活的精神指导，为人们在纷繁复杂的世界中找到内心的宁静。佛教寺庙和修行场所常常成为信徒们心灵寄托的地方。教导慈悲、智慧和平等的理念，有助于促进社会的和谐共融，对社会稳定产生积极影响。大悲山佛教文化融入了许多传统文化元素，包括建筑、绘画、音乐、文学等。佛教寺庙往往是文化传承的载体，有助于传承和弘扬当地的文化。大悲山佛教文化不仅在信仰层面上有影响力，还在学术研究和教育领域发挥作用。大悲山佛学研究和佛教文化的传承成为学术界关注的重要领域。

（二）凝聚力评价

大悲山灵音寺会定期举行各种佛教宗教活动，如法会、法讲、礼佛等。这些活动不仅是信仰的表达，也是信徒聚集的契机，促进了社区内成员的交流与互动。大悲山灵音寺承载着丰富的佛教文化，包括传统的寺庙建筑、佛教艺术等。这些文化元素对当地居民而言不仅是宗教信仰的象征，同时也是地方文化的一部分，有助于形成共同的文化认同。大悲山灵音寺已成为当地的重要旅游资源，吸引着许多游客。旅游业的繁荣不仅为地方带来经济收益，同时也促进了居民与游客之间的交流。综合来看，嵊泗大悲山的佛教文化可以在地方社区中具有强大的凝聚力，促使信徒和当地居民在信仰、文化传承、慈善活动等方面形成共同体，进而增强社区的凝聚力和稳定性。

（三）影响力评价

2018嵊泗大悲山"福如东海·祈福大典"及系列配套活动，僧众云集，梵音如潮，游客、市民及各界信众共同诵经祈福，祈愿福如东海、四季平安。整场活动以体现时代性、文化性、民俗性，带动观众互动为创意亮点，通过动态文化包装，确立全新的"福如东海·祈福大典"文化品牌形象，进一步彰显大悲山福如东海文化的独特魅力，让嵊泗成为"福如东海"的品牌归属地。

（四）发展力评价

大悲山地区旅游业的蓬勃发展。通过提供更多的旅游服务、举办特色活动，吸引更多游客，促进当地经济的繁荣。大悲山灵音寺积极参与国际间的佛教文化交流与合作，提高嵊泗地区的佛教文化在国际上的影响力。弘扬和传承中国传统文化，与当今时代的主旋律相契合，发展力强大。

三、核心基因保存

"佛教圣地大悲山""民众免除厄运、安居乐业的美好愿景""大慈大悲的胸怀"作为大悲山佛教文化的核心基因，文字资料保存在《列岛遗风》，实物材料保存在大悲山佛教景区。

海神信仰

嵊泗渔歌　嵊泗文化基因

海神信仰

海神信仰是海洋文化的重要组成部分。它包括原始宗教在民间的传承，人为宗教在民间的渗透，民间普遍的俗信。海神信仰主要有神、祖先、鬼怪等，具有多教合一、多神崇拜的特点。海岛民间信仰是海洋文化的一个组成部分，是海岛人民在生产、生活中的一种精神寄托。

嵊泗先民多来自江、浙、闽地区，他们将各地的信仰风俗带到了嵊泗，形成了"神、祖、鬼"多神崇拜的格局。

一、要素分解

（一）物质要素

1. 险象环生的海洋环境

从古至今，舟山本岛的民众生活都与大海有着千丝万缕的联系，且历经艰难，如倭寇袭扰、明清两代海禁、海洋灾害等，这些都使得人们对大海自然生成无限崇敬之意，祈祷神灵保佑，祈祷平安。而在众多的海神信仰当中，除了信仰偶像，类似于其他沿海地带的海神妈妈、龙王、船神等，还有一些神灵化的具体历史人物，经过时间的流逝，在特殊的海洋文化氛围下，也逐渐演绎为海洋神灵一类，且其职责似乎又放大了许多。如

此一来，海岛渔区居民不仅每天要与大海打交道，也要在坎坷的历史变迁中顽强地生存下去，以至于海洋神灵们各显其能，让人目接不暇。

2.数量繁多的海神信仰活动场所

嵊泗列岛有大量的宗教场所，包括泗洲堂、张相公庙、太阴宫、羊府宫、天后宫等。这些场馆的兴建始于北宋时期，江浙闽地区渔民来嵊采捕，自然将各地的信仰风俗带到了嵊泗列岛。

（二）精神要素

1.乐善好施、救人危难的精神

海神信仰中"乐善好施、救人危难"的精神通常反映在人们对海神的信仰与崇敬中。这种精神在海洋文化中常常被视为一种道德准则，渔民和海上劳动者相信通过对海神的奉献和行善来获取保佑，并在需要时得到救助。

信仰海神的人们将"乐善好施"作为信仰实践的一部分。人们积极参与慈善活动、社区服务，以及对他人的帮助和支持，将这些行为视为对海神的奉献。

渔民在出海前向海神祈愿，表达对渔业安全和丰收的期望。在这个过程中，他们承诺将一部分渔获奉献给海神或用于慈善事业，体现了"乐善好施"的信仰精神。

在面临海上危险或自然灾害时，信徒会诚心祷告，请求海神保佑自己和同伴平安归来。同时，他们许愿要在平安归来后进行慈善行为，以回报得到的庇佑。

信仰者在海神庙宇附近或社区内组织和参与各种慈善活动，如为贫困家庭捐助、资助教育等。这些行为被视为海神信仰的实际体现，同时也是对"乐善好施"的践行。

海神信仰的精神鼓励人们传递正能量，互相帮助，共同渡过生活中的困难。这种互助和关爱的态度被视为对海神信仰的真实体现。

总体而言，海神信仰中"乐善好施、救人危难"的精神强调了信徒在日常生活中的善行和奉献，以及在面临困境时的互助和支持。这种信仰精神既是对神灵的尊崇，也是社区凝聚力和人文关怀的体现。

2. 为政清廉、古道热肠的美德

羊祜为三国两晋时人，他为政清廉、救济贫民，又精通医药、救人危难。羊祜信仰自传入舟山群岛，即受到本土强大海洋信仰体系的吸纳，开始舟山化的历程，最终发展成为一位影响较大的民间海神。这也反映了嵊泗渔民崇尚乐善好施、古道热肠的美德。

3. 对幸福、平安生活的期望

民众崇拜妈祖、太阴、徐偃王、渔民菩萨、海龙王等是为了借助"神力"免于灾难、获得美好生活，因此，民众的核心诉求可总结为"对幸福、平安生活的期望"。

（三）制度要素

1. 妈祖信仰

北宋时期两浙渔禁解除，福建渔民前来嵊泗渔场采捕，自然将妈祖信仰带到了嵊泗列岛。随着福建渔民和嵊泗本土渔民的频繁接触，妈祖信仰在嵊泗渔民间也流行起来，于是天后宫的规模也逐步扩建，形成了目前"岛岛皆有天后宫"的局面。在诸多天后

宫中，南宋的小洋山天后宫为最古老，明代的嵊山岛天后宫规模最大。

2. 羊祜信仰

羊祜于三国魏末时期任相国从事中郎，西晋时历官秘书监，累官尚书右仆射，后官至开府仪同三司，为三公之职。为人正直清廉，勤政惜民，常将所得俸禄用于救济贫穷的部下军士及亲属，为官一生家无余财，有惠政于民，同时他又精通医药，热心解人病患。羊祜为官清廉正直，救济贫民，正是渔民所求敬之美德；羊祜精通医药，救人危难，又是孤悬海外渔民之所需。自羊祜事迹传入列岛，渔民就将羊祜视为清官、好官和华佗再世，而敬奉为神灵。嵊泗列岛羊府宫，建筑规模较大的，有嵊山岛泗州塘羊府宫和泗礁岛菜园羊府宫两处。

3. 太阴信仰

太阴信仰本是温州沿海风俗，于

清朝和民国时期传到嵊泗列岛，主要流传于壁下安基等岛上祖籍为温州的渔户中。温州沿海人们拜太阴，主要是为求子嗣，而在壁下诸岛拜太阴，主要是为祈求"普度慈航"。在壁下岛安基山临海平坡上，建有一处石墙木柱瓦顶的太阴宫。

4. 渔民菩萨信仰

嵊山岛上的渔民菩萨，主要是为渔民送医送药，驱除病患。渔民菩萨信仰源于清光绪年间一个渔民的梦境。梦境中，一位姓张的先生为渔民医疮，渔民醒后疮病痊愈，就为张先生建立张相公庙，后逐步演变为渔民菩萨。由于海岛上缺医少药，人们把"张先生"这个特定的渔民菩萨，当作除病消灾的庇护神，只要家里或船上有人病或伤，不论年老年少，男人妇女，总要带上一竹篮净茶净饭，到张相公庙焚香燃烛，祈祷消病驱灾，若是灵验，事后定要还愿。这种渔民菩萨信仰已有 120 余年之久。

5. 泗洲大帝信仰

渔民的泗洲大帝信仰，源于公元前 668 年至公元前 512 年这段时间内入浙的徐偃王。沿浙南到浙东沿海（温岭、鄞县、舟山等）可将徐偃王曾落脚过的城池串联成一线。在这条沿海线上，活跃着众多以徐偃王为始祖的徐氏后代，这些地方的渔民，世世代代驾舟越洋赴嵊泗，和岛上土著居民一起，开发建设了嵊山渔场，同时也把泗洲大帝信仰风俗传播到了海岛。因古徐在泗洲，故先民们尊徐偃王为"泗洲大帝"。

6. 洋山大帝信仰

起先为小洋山岛民所特有，后过往渔舟商船泊舟小洋山时，船民亦往洋山大帝庙祭拜，故逐渐传播开来。据《小洋山庙志》：李讳官，进士出身，历仕梁陈二朝，累官至运粮正使。陈末隋初，运河未开，南方漕米，海运至陈都建康。时北方五胡纷扰，陈朝末年政治黑暗，连年灾荒，民不聊生。小洋山渔户家家断粮，几作饿殍。适李讳解粮北上，至小洋岛锚泊避风，见状后，即刻开舱散粮，拯救灾民。一时岛上渔户饥民纷至，因人多粮少，顷刻已尽。李讳无法返京复旨，是夜服毒自尽。岛民感其大德，在岛上立一小庙祀奉，春秋香火不断。经多次迁址、损毁、重建，如今小洋山岛观音北岗下建有洋山大帝庙。

7. 海龙王信仰

107

嵊泗先民认为海是龙的世界，嵊泗即为东海龙宫之所在，自己则是海中蛟龙的传人。有了海龙王信仰，对龙的崇拜、龙风俗也随之渗透到渔民的思想意识、典章制度、文化艺术和生活习俗等各个方面。海龙王信仰表现方式异彩纷呈、风韵独具，比如古代嵊泗渔民"文身断发，以避蛟龙之害"，船头祭拜龙君，悬挂龙旗，注重"龙脉"风水，以龙为地名，以龙为新生儿起名，穿龙裤，建筑物雕刻龙图案等。

8.关帝信仰

在嵊泗渔民中十分普遍。《中国神祇列传》："纵观关公一生行止，坦坦荡荡，如中天明日，虽系人间武将，然其忠肝义胆，无人可拟，其尚武之气凝聚为浩然之气。肉身虽化，真气长存，充塞于宇宙天地之间，千秋万古，绵密不绝，因而能超凡入圣，跻登仙境。"渔民信仰关帝有更深层处的原因，即他们所处的环境和所从事的职业，使他们更加崇敬关公的忠诚信义和勇武智慧。关帝信仰习俗，实质上反映了渔民对忠义道德的呼唤，表现了渔民在与险恶的自然环境中搏斗求生存的勇气。他们对旦夕祸福难以把握，而向关公散香叩头，寄托希望，祈求平安。

（四）语言与象征符号

深入人心的龙信仰。龙信仰是一种深受文化传承影响的信仰体系，它在许多文化中都扮演着重要的角色。

神秘与权威：龙在很多文化中被视为神秘、神圣且强大的存在。作为神话传说中的生物，龙具有超自然的力量，代表着权威和威严。人们对龙的敬仰往往源于对这种神秘力量的敬畏。

天然灾害与守护：龙常常被认为与天然灾害有关，如洪水、干旱或风暴。在一些文化中，人们通过祈祷和仪式来寻求龙的庇佑，以期望避免自然灾害的侵袭。同时，龙也被视为土地的守护者，为人们带来安全与保护。

国家的象征：龙在一些文化中被看作国家的象征，代表着国家的强大、繁荣和权威。许多帝王或统治者都将龙作为国家的象征，以显示其统治的神圣性和合法性。

文学与艺术：龙在文学、艺术和传说中经常出现。龙的形象被描绘在绘画、雕塑、文学作品等艺术形式中，深刻地影响了文化的发展。这种艺术表现往往加深了人们对龙的向往和敬畏。

传统节日与仪式：龙信仰通常与一些传统节日和仪式紧密相连。在这些活动中，人们会进行舞龙、游行、祭祀等庆祝活动，以纪念龙的存在，彰显其神圣性。

幸运与繁荣：在一些文化中，龙被视为带来好运、繁荣和幸福的象征。人们相信与龙有关的符号、图腾或艺术品能够带来好运，保护他们免受厄运。

家族与血统：在一些文化中，龙也与家族和血统联系在一起。一些皇室或贵族家族会标榜有龙的血统，以显示他们的神圣性和特殊地位。

总体而言，龙信仰是一种深受人们敬仰、崇拜和传承的文化现象，它以多种形式存在于世界各地，反映了人类对神秘力量、保护与祝福的追求。中华民族以龙为图腾，在嵊泗列岛，对龙的崇拜、与龙相关的习俗渗透到思想意识、典章制度、文化艺术、生活习俗的方方面面，比如船头祭拜龙君仪式、挂龙旗、以龙命名、讲究"龙脉"风水、祭龙王仪式等，展现了古朴浓郁的龙崇拜民俗。

二、核心基因提取与评价

基于对材料的全面、深入分析，本文化元素的核心基因可表述为"对幸福、平安生活的期望""乐善好施、救人危难的精神""为政清廉、古道热肠的美德"。

海神信仰核心文化基因评价依据

评价项目	评价因子	评价依据（特点）	是否
生命力评价	文化基因存续的时间	自出现起延续至今，未曾明显中断	√
		自出现起延续至今，但多次衰微、中断后复兴	
		曾明显衰败，改革开放后开始复兴或历史溯源关键环节缺失，难以考证	
		文化形态主体已灭失，现存部分痕迹	
	文化基因的稳定性	在发展过程中保持相当稳定的状态	√
		在发展过程中存在明显的精神内涵、表现形式剧变	
凝聚力评价	文化基因的凝聚力及社会动员效果	曾广泛凝聚起区域群体的力量，显著推动过社会经济文化的发展	
		曾部分凝聚起区域群体力量，对社会经济文化的发展产生过影响	√
		凝聚过力量，创造过实际的发展动能，但未见对社会经济文化发展产生显著改变	
		仅在历史文献或口耳相传中存在，未见实际介入社会经济发展	

评价项目	评价因子	评价依据（特点）	是否
影响力评价	辐射的范围	具有全国性、世界性的影响力	√
		具有长三角区域、浙江省影响力	
		具有市县、乡镇影响力	
	提炼的高度	已经被古代文人士大夫和当代学者提炼为精神符号和理念理论	√
		单纯的样式、造型、工艺技术规范	
发展力评价	与当代精神追求和价值观念的契合	传统文化基因得到创造性转化、创新性发展；区域革命文化基因被完整继承、广泛弘扬；区域社会主义先进文化基因成为与浙江"三个地"相适应的文化高地	
		部分转化、部分弘扬、部分发展	√
		难以转化、难以弘扬、难以发展	
说明：基因特点评价是对解码出来的基因，根据本《导则》表2的要求，围绕"四个力"逐一对表打"√"，进行定性表述			

（一）生命力评价

嵊泗的居民主要以渔业为生，他们的生计直接依赖于海洋。海神被视为渔民的守护神，为他们提供保护，带来丰收和安全。这种依赖关系使得海神信仰在嵊泗根深蒂固，成为生活的一部分。海神信仰通过丰富的文化传承和仪式活动得以保持和传承。各种祭祀、舞龙、游行等活动都让海神信仰在当地得以表达和弘扬。这些活动成为嵊泗人集体记忆的一部分，使得海神信仰代代相传。海神信仰通常具有浓厚的民间特色，它融入了当地人的日常生活、传说和习俗中。这种信仰由于与民众的生活经验紧密结合，更容易引起人们的共鸣，具有较强的生命力。海神信仰涉及各种符号和象征，如船舶图腾、海洋仪式等，这些成了嵊泗人情感寄托和文化认同的象征。这些符号激发了人们对于传统信仰的尊重和热爱，保持了海神信仰的生命力。总的来说，嵊泗海神信仰之所以具有强大的生命力，是因为它紧密融入当地的海洋文化、生计实践和社区生活，成为嵊泗人生活中不可或缺的一部分，同时通过仪式、传承和社区活动得以传承和弘扬。

是个体信仰，更是一种社区共同信仰。参与海神信仰的仪式、祭祀和庆典活动成为社区居民共同参与和分享的经历，从而增强了社区内的凝聚力。海神信仰的仪式活动通常也是社交的场合，人们在这些仪式中相互交流、共同祈祷，建立起深厚的人际关系。这种社交有助于促进社区内部的凝聚，

（二）凝聚力评价

海神信仰是嵊泗地区的一项重要文化传统，它将当地人紧密联系在一起，形成了共同的文化认同。通过共同崇敬海神，人们建立了一种共享的价值观和信仰系统，这有助于加强社区成员之间的凝聚力。海神信仰不仅

形成更加紧密的群体关系。嵊泗地区处于海洋环境中，常常面临自然灾害的威胁，如风暴、洪水等。海神信仰带有一种共同面对自然灾害的信仰意义，通过共同祈求海神的庇佑，居民们在面对自然灾害时能够更加团结一致，形成共同抵御自然灾害的信念。

海神信仰作为嵊泗的传统文化之一，通过代代相传的方式，将信仰观念、仪式和故事融入到社区生活中。这种传承加深了社区居民对海神信仰的认同，形成了一种共同的文化传统。嵊泗地区的居民主要以渔业为生，对海洋的依赖程度较高。海神被视为渔民的守护神，因此海神成为渔民们共同的生计信仰，进一步促进了社区成员之间的凝聚。综上所述，嵊泗海神信仰通过共同的文化认同、社交作用、共同面对自然灾害的信仰、传统文化传承和对生计的共同依赖等多方面的因素，形成了强大的凝聚力，使得社区成员在信仰中共同体验、共同奉献，共同面对生活中的各种挑战。这种凝聚力不仅加强了社区内部的联系，也为社区的和谐发展提供了有力的支持。

（三）影响力评价

海神信仰通常伴随着一系列的道德和伦理观念，如对海洋的敬畏、对自然的保护、对共同体的责任感等。这些价值观在嵊泗社区中扎根，影响了居民的行为和决策，形成了一种共同的社会道德标准。海神信仰促使社区成员在信仰活动中团结在一起，

共同参与祭祀、庆典等仪式。这种共同参与加强了社区的凝聚力，促使人们在困难时刻互相支持，形成紧密的社区合作网络。海神信仰作为嵊泗地区的传统文化之一，通过代代相传，加深了居民对自身文化传统的认同感。这种认同感有助于维护社区的文化独特性，形成对本土文化的深厚情感。嵊泗海神信仰通过塑造社会价值观、促进社区凝聚与合作、传承文化认同、鼓舞人心的仪式庆典、提供社会支持与安慰、对抗自然灾害的信仰以及塑造社区身份等多方面的作用，形成了强大的影响力，深刻地影响了当地社区的文化、社会和情感。

（四）发展力评价

海神信仰作为嵊泗的传统文化之一，通过文化传承的方式代代相传。同时，通过增添新的元素、仪式或活动，使信仰更加符合当代社会的需求，保持其生命力。海神信仰往往伴随着丰富多彩的仪式、庆典和活动，这种多元化的社区参与形式使得信仰更具吸引力。人们通过参与各类活动，加深了对信仰的理解和认同，从而促使信仰的持续发展。社会在不断变革，

文化也随之演变。嵊泗的海神信仰具有适应社会变革的弹性，通过与现代价值观的结合，使得传统信仰能够在现代社会中找到新的表达方式。海神信仰在嵊泗地区与居民的日常生活紧密相连，与渔业、海洋文化等相互交融。这种融合使得信仰不仅是一种宗教行为，更是生活的一部分，因此更容易被社区成员接受和实践。总的来说，嵊泗海神信仰之所以具有强大的发展力，既有源自传统文化的深厚底蕴，也在与社会变革相适应的同时，通过创新、参与、数字化传播等多方面的因素使其焕发出新的生命力。

三、核心基因保存

  "对幸福、平安生活的期望""乐善好施、救人危难的精神""为政清廉、古道热肠的美德"作为海神信仰的核心基因，文字资料保存在《列岛遗风》，实物材料保存在泗洲殿、天后宫等宗教场所。

黄家台遗址

嵊泗渔歌　嵊泗文化基因

黄家台遗址

　　黄家台遗址位于浙江省舟山市嵊泗县菜园镇基湖村小基湖农田中，占地面积2000平方米，为新石器时代遗址，系20世纪60年代浙江省考古专家发现。黄家台遗址是不规则的长方形沙土墩，西高东低，向西300米为老虎头山山脚，向东300米为基湖沙滩，地表面有少量红烧土块，采集的遗址标本中有夹砂红陶和泥质灰陶残片等。据记载及专家考证，遗址中发现的穿孔石斧、夹沙陶、三菱形石箭头属新石器时代遗物，可辨器物有陶釜和陶罐，纹饰有绳纹、划纹，另有少量的小口罐盘圆底器、石斧等。可见，嵊泗在新石器时代已有人类居住。黄家台遗址为研究早期嵊泗人类活动及迁徙提供了实物依据。

一、要素分解

（一）物质要素

1. 规模庞大的黄家台遗址

黄家台遗址位于嵊泗县菜园镇基湖沙堤隆起的西侧，东距基湖沙滩 300 米。2020 年下半年经钻探确认有堆积分布后正式进行发掘。遗址以公路为界可分为东西两区，共清理沙台遗迹 2 处，出土陶器以绳纹釜、鼎、圈足罐、支脚为主，石器有锛、刀、耘田器、纺轮、钻芯等。手选和浮选的两份样品中收集可鉴定种属及部位的标本 773 件，发现 18 种动物遗骸，肉眼以及低倍显微镜观察未见大植物。遗存规模庞大，其占地面积足足有 2000 平方米。

黄木纹板岩碎t拼乱型冰裂纹文化石园林庭院院外墙不规则铺地砖

2.新石器时期文物数量丰富

据记载及专家考证，遗址发现了穿孔石斧、夹沙陶、三菱形石箭头等新石器时代遗物，可辨器物有陶釜和陶罐，纹饰有绳纹、划纹，也有少量的小口罐盘圆底器、石斧等。

3.深厚的历史文化

黄家台遗址是我国境内目前所见最东北端的新石器时代晚期沙丘遗址，主体堆积为良渚文化晚期。以宽"T"字形鼎足标记的文化面貌，显然与晚期良渚文化有关，但极高比例的绳纹陶暗示了这一传统很可能来源于更早时期的跨湖桥或河姆渡文化。

（二）精神要素

1.勇往直前、敢闯敢拼的精神

黄家台遗址的发掘将泗礁岛的人类定居史、海岛开发史上溯了近5000年。反映出史前的先民克服重重的地理障碍，闯风避浪，在小小嵊泗靠岸落根，并开创了嵊泗列岛的人类定居史、海岛开发史。他们这种勇往无前的精神，敢闯敢拼的劲头也将激励万万千千的嵊泗人，使闪耀的良渚文化在东海传承璀璨，让蓝海传奇继续大放光芒。

2.执着的探索精神

考古学家发掘黄家台遗址的过程并不顺利，表土下面堆积着接近1米的海沙，很多区域探铲打下去1米多后，还都是厚厚的海沙，深的探方挖到了接近3米，为了防止沙壁坍塌只好留成斜壁，以至于底部的操作面变得十分有限。接近3米处，又毫不意外地出现了地下水，这关系到岛上居民生计的水源，在探方里成了大大的隐患。考古学家们挖了600平方米后，发掘的位置恰好是遗址的边缘，之后初步了解了黄家台遗址的成因。

（三）语言和象征符号

嵊泗新石器时代的历史遗产。黄家台遗址为新石器时代遗址，系20世纪60年代浙江省考古专家发现。可见，嵊泗在新石器时代已有人类居住，它为研究早期嵊泗人类活动及迁徙提供了实物依据。

二、核心基因提取与评价

基于对材料的全面、深入分析，本文化元素的核心基因可表述为"嵊泗新石器时代的历史遗产""新石器时期文物数量丰富"。

黄家台遗址核心文化基因评价依据

评价项目	评价因子	评价依据（特点）	是否
生命力评价	文化基因存续的时间	自出现起延续至今，未曾明显中断	
		自出现起延续至今，但多次衰微、中断后复兴	
		曾明显衰败，改革开放后开始复兴或历史溯源关键环节缺失，难以考证	
		文化形态主体已灭失，现存部分痕迹	√
	文化基因的稳定性	在发展过程中保持相当稳定的状态	
		在发展过程中存在明显的精神内涵、表现形式剧变	√
凝聚力评价	文化基因的凝聚力及社会动员效果	曾广泛凝聚起区域群体的力量，显著推动过社会经济文化的发展	
		曾部分凝聚起区域群体力量，对社会经济文化的发展产生过影响	
		凝聚过力量，创造过实际的发展动能，但未见对社会经济文化发展产生显著改变	√
		仅在历史文献或口耳相传中存在，未见实际介入社会经济发展	

评价项目	评价因子	评价依据（特点）	是否
影响力评价	辐射的范围	具有全国性、世界性的影响力	
		具有长三角区域、浙江省影响力	
		具有市县、乡镇影响力	√
	提炼的高度	已经被古代文人士大夫和当代学者提炼为精神符号和理念理论	√
		单纯的样式、造型、工艺技术规范	
发展力评价	与当代精神追求和价值观念的契合	传统文化基因得到创造性转化、创新性发展；区域革命文化基因被完整继承、广泛弘扬；区域社会主义先进文化基因成为与浙江"三个地"相适应的文化高地	
		部分转化、部分弘扬、部分发展	√
		难以转化、难以弘扬、难以发展	
说明：基因特点评价是对解码出来的基因，根据本《导则》表2的要求，围绕"四个力"逐一对表打"√"，进行定性表述			

（一）生命力评价

该文化元素的文化形态主体已灭失，部分痕迹留存于浙江省舟山市嵊泗县菜园镇基湖村基湖沙堤隆起的西侧。目前发掘的少量文物在一定程度上代表了该文化元素的生命力。

（二）凝聚力评价

嵊泗黄家台遗址是我国境内目前所见最东北端的新石器时代晚期沙丘遗址，主体堆积为良渚文化晚期。遗址不仅出土了锛、刀、耘田器、纺轮等成品生产工具，而且还发现了钻芯等生产废料，说明聚落内部能够开展独立的工具加工活动，展示了海岛先民的生活印记。

（三）影响力评价

该文化元素具有市县、乡镇的影响力，已经被古代文人士大夫和当代学者提炼为精神符号和理念理论。嵊泗黄家台遗址的考古发掘，不仅在工作方法上为同类遗址提供了借鉴，而且对于今后"面向海洋"的考古学起到了推动作用。

（四）发展力评价

嵊泗黄家台遗址是中国考古学人不断攀登的生动案例，是考古学发展和转型的真实写照，也与中国社会的巨大变革息息相关。该文化元素能够部分转化、部分弘扬、部分发展，比如发掘的大量新石器时代遗物，具有教育和文化推广价值。

三、核心基因保存

"嵊泗新石器时代的历史遗产""新石器时期文物数量丰富"作为黄家台遗址的核心基因，文字资料保存在县文旅局资料库，实物材料保存在舟山市嵊泗县。

摩崖石刻

嵊泗渔歌 嵊泗文化基因

摩崖石刻

　　海岛嵊泗地处我国东南门户，自古以来属海防抗倭要地。明清时期，军政要员巡防海疆，被壮美的海岛风光所震撼，留下了大量摩崖石刻，目前嵊泗境内存有约 14 处，分别为"山海奇观"摩崖石刻、"瀚海风情"摩崖石刻、"东海龙云"摩崖石刻、"东海云龙"摩崖石刻、圣姑礁摩崖石刻群、"群贤毕至"摩崖石刻、"泛波"摩崖石刻、"海若波恬"摩崖石刻、"鲲鹏化处"摩崖石刻、"倚剑"摩崖石刻、小观音山摩崖石刻群、"海阔天空"摩崖石刻等。这些石刻字体遒劲奔放，豪气撼人，是我国将士守卫海疆抗击倭寇的主要历史史迹，也是嵊泗县不可多得的文化旅游胜地，对研究嵊泗人文历史具有重要参考价值。

一、要素分解

（一）物质要素

1. 重要的海防军事前哨

嵊泗地处长江入海口与东海交界处，地理位置重要，历来为海防军事前哨，明清时曾为两省巡海督汛会哨处。嵊泗的摩崖石刻题记多出自军政要员之手。

2. 十二处壮美旖旎的摩崖石刻

嵊泗地处长江入海口与东海交界处，地貌形态丰富、海岛风光独特。海防前线的军政官员、文人雅士于胜景前有感而发，留下摩崖石刻。如今，嵊泗存有14处摩崖石刻，代表性的为"山海奇观""瀚海风情""倚剑""海阔天空""鲲鹏化处""海若波恬""万顷晴波"等，均与海岛风光有密切关系。

"山海奇观"摩崖石刻。位于浙江省舟山市嵊泗县枸杞乡里西村里西岗墩峰顶巨石上，石高6.2米，宽8.2米，厚1.4—1.7米，东壁镌刻"山海奇观"四个擘窠大字，刻于明万历十八年（1590），面朝东方，字分两行，直书、楷书、阳刻，字高1.6米，宽1.4米，石刻分布面积20平方米，下有落款42字，字高0.27米，宽0.25米。"大明万历庚寅春，都督侯继高统率临观把总陈九思、听用守备宋大斌、游哨把总詹斌、陈梦斗等督汛于此"，为楷书阴刻。石碑下沿有一天然石凳，前侧为一块平坦巨石。再向前15米处为乡级公路，北有"山海亭"，南有一小庙，后为峭壁。"山海奇观"摩崖石刻于1979年6月公布为舟山市文物保护单位，2011年1月公布为浙江省文物保护单位。该石刻是嵊泗发现最大、刻工较为精良的摩崖石刻之一，为研究我国明代抗倭历史提供了实物依据。

"瀚海风情"摩崖石刻。位于浙江省舟山市嵊泗县黄龙乡大岙村西南鸡分岭岗墩山麓，镌刻于明万历三十六年（1608），面朝东北，分布面积约20平方米。在鸡分岭东北面60度倾斜面的中下部镌刻"瀚海风情"四个大字，字径0.8米，字迹雄健浑厚。左有落款39字，右有落款15字，大字及左侧小字保存尚好，右侧小字及"瀚"字右上角于1971年大岙村建造海堤时被毁，何人题词待考，现知落款中有"差浙府都督处邵令导书""参将刘炳文游击将军陈梦斗同签"等字。"瀚海风情"摩崖石刻于1987年3月公布为嵊泗县县级文物保护单位，为明朝名将刘炳文、陈梦斗等来嵊泗县巡海督汛及抗击倭寇时留下的题刻，对研究嵊泗人文历史及古代军事巡海历史具有一定的参考价值。

"东海龙云"摩崖石刻。位于浙江省舟山市嵊泗县黄龙乡峙岙村小黄沙弄34号对面朝西北石崖上，分布面积约5平方米，该石刻雕琢于清光绪年间，刻于高13.20米、宽11.90米的石崖中上部，面朝西北，摩崖石刻双线外框，横额阴刻楷体书"东海龙云"四字，题款位于横额右上角，字迹已风化不清，据调查及字迹显示，应与县级文物保护单位"东海云龙"摩崖石刻为同时代题刻。"东海云龙"摩崖石刻的发现对研究黄龙海洋文化与石刻书法艺术具有深远的意义。

"东海云龙"摩崖石刻。位于浙江省舟山市嵊泗县黄龙乡峙岙村元宝山上，石刻面朝南方，分布面积约20平方米。元宝石分大小两块，大元宝石前壁题刻有"东海云龙"四个大字，题刻方峻挺拔，每字高0.68米，宽0.55米。落款41个小字已模糊不清，另仿镌篆章一枚，为清光绪三十四年(1908)四明张传隆巡海时所题刻。1988年8月公布为嵊泗县县级文物保护单位。"东海云龙"摩崖石刻作为文化遗产进行保护、宣传并推广，对发展带动当地旅游经济具有重要作用。

圣姑礁摩崖石刻群。位于浙江省舟山市嵊泗县洋山镇圣港社区圣姑礁上，由"海宇澄清"摩崖石刻和"万顷晴波"摩崖石刻组成，分布面积10平方米，石刻面朝南方，在县文保单位"群贤毕至"东侧。"海宇澄清"摩崖石刻直书、楷体，每个字约高0.6米、宽0.5米；"万顷晴波"摩崖石刻横书、楷体，每个字约高0.6米、宽0.5米。落款因风化严重，基本辨别不清。经考证为清光绪年间江浙游哨巡海勒石于此。圣姑礁全岛石骨凌厉，中有石峰凌空突起，危崖削石，高达十三四米，圣姑礁摩崖石刻群下有一小庙，曰圣姑庙。圣姑礁西侧有前姑、中姑两礁，前姑体态玲珑，携一对石犬，中姑衣锦华丽，捐一巨大

· 132 ·

宝石箱，圣姑则长身玉立，三姑前后相随，周围金波曼舞，构成了一幅"海上丽人行"的绝妙画图。圣姑礁摩崖石刻群是嵊泗县不可多得的有特色的文化及旅游胜地，对研究嵊泗人文历史具有一定的参考价值。

绪十四年（1888）湘潭雷玉春等7人巡海至此所题，圣姑礁西侧有前姑、中姑两礁。"群贤毕至"摩崖石刻于1988年8月公布为嵊泗县县级文物保护单位。

"泛波"摩崖石刻。位于浙江省

"群贤毕至"摩崖石刻。位于浙江省舟山市嵊泗县洋山镇圣港社区北侧圣姑礁上。在三姑礁东向朝南石壁上，分布面积2平方米。其中"群贤毕至"直书，字高0.36米、宽0.28米，劲峭瘦硬，铁笔银画，左落款12字，右落款32字，字迹已不清，是清光

舟山市嵊泗县洋山镇圣港社区北侧圣姑礁上，分布面积2平方米，"泛波"两个大字每字高约0.5米，宽0.4米，左边落款11字，勒于清光绪二十六年（1900），右边落款风化不清。"泛波"摩崖石刻于1988年8月公布为嵊泗县县级文物保护单位。

"海若波恬"摩崖石刻。位于浙江省舟山市嵊泗县洋山镇圣港社区小梅山西端朝西山麓上，石刻面朝西南，分布面积1平方米。"海若波恬"摩崖石刻四个大字，横书、楷体、阳刻，每字高0.55米，宽0.45米，据考证为清光绪十四年（1888）海军"皇昌"号护洋舰将领刘长春、金玉笙、罗林文等六人巡监到大洋时所题。"海若波恬"摩崖石刻对研究嵊泗人文历史具有一定参考价值。

"鲲鹏化处"摩崖石刻。位于浙江省舟山市嵊泗县洋山镇小洋村小观音山朝南山腰中，"鲲鹏化处"摩崖石刻面朝南方，分布面积10平方米。"鲲鹏化处"摩崖石刻直书、行楷、线刻，每字高约0.85米，宽约0.65米，左有落款31个字，由于雨水冲刷已辨别不清，据考证为明万历三十六年（1608）游兵都司张文质所书。小观音山摩崖石刻共有八处，刻于大小天然石碑上。"鲲鹏化处"摩崖石刻于1988年8月公布为嵊泗县县级文物保护单位，对研究嵊泗人文历史具有一定参考价值。

"倚剑"摩崖石刻。位于浙江省舟山市嵊泗县洋山镇小洋村小观音山朝西南山麓中，石刻面朝西，分布面积27平方米，横书、楷体、阳刻，每字高3.8米，宽3.5米，左落款为"癸丑夏楚人李楷书"。石刻中间有"中流砥柱"四字，横书、楷体、阴刻，每字分别为0.4米×0.4米，从雕刻手法来看系后期制作，是否李楷所书需要进一步考证。据落款及史籍记载："倚剑"摩崖石刻为明嘉靖三十二年（1553）举人昌乐县知县李楷所书，"倚剑"二字堪称"大字王"，遒劲奔放，豪气撼人，是迄今发现的舟山市最大的摩崖石刻。"倚剑"摩崖石刻于1988年8月公布为嵊泗县县级文物保护单位，对研究嵊泗人文历史具有一定参考价值。

小观音山摩崖石刻群。位于浙江省舟山市嵊泗县洋山镇小洋村小观音山山顶朝西北方向，分布面积2000平方米。由"中流砥柱"摩崖石刻、"海晏波宁"摩崖石刻、"水天阔处"摩崖石刻组成，碑文朝西北，东靠石刻"海阔天空"。"中流砥柱"摩崖石刻高9米、宽5米，每字高约0.20米，宽0.15米，直书、楷体、阳刻，占地2平方米。"海晏波宁"摩崖石刻面朝西北，分布面积2平方米，石刻牌石高3.5米，宽4米。"海晏波宁"四字每字约0.12×0.12米，直书、楷书、阴刻。"水天阔处"摩崖石刻面朝东南，分布面积7平方米。"水天阔处"石刻四字直书、楷体、阳刻，每字约1.5米×1.2米。据考证均系明万历游兵都司张文质巡游小洋时所题。小观音山摩崖石刻群对研究嵊泗人文历史具有一定参考价值。

"海阔天空"摩崖石刻。位于浙江省舟山市嵊泗县洋山镇小洋村小观音山山顶朝西处，分布面积2平方米，石刻横书、楷体、线刻，每字高0.7米，宽0.55米。左边落款9字"游兵都司新安张文质"，右边落款6字"万历戊申春立"，为明万历三十六年（1608）游兵都司张文质所书，"海阔天空"摩崖石刻是我国将士守卫海疆抗击倭寇的重要历史史迹，1988年8月公布

为嵊泗县县级文物保护单位，对研究嵊泗人文历史具有一定参考价值。

（二）精神要素

1.重视海防的意识、守卫边疆的决心

海岛嵊泗地处浙江门户，属海防抗倭要地。如今留存的摩崖石刻大都出自明清时期巡防海疆的军政要员，侧面展示了明清政府通过常态化的巡视制度和小规模战争手段守卫边疆的史实，体现出国人对祖国边疆的重视和抗击外敌入侵的决心。摩崖石刻内容立意高远，大气磅礴，多描写旖旎壮丽的海洋海岛风光，亦表现了边疆军民对祖国河山的热爱。

2.恢宏的气势，壮阔的联想

各处摩崖石刻创作于军政要员巡防、督汛、平倭之时，所题刻之字词展现出恢宏的气势和壮阔的想象，比如"海宇澄清""万顷晴波""海阔天空""山海奇观""瀚海风情"等展现了海天的壮美奇绝，"倚剑"展现了登高倚剑、极目远眺的诗意形象，"东海云龙""鲲鹏化处"展现出浪漫的诗情和壮阔的想象。

（三）制度要素

多为楷书，以阴刻、线刻为主要手法。嵊泗各岛摩崖石刻的楷书字体风貌端庄、雄壮，与壮丽的海岛风光、底蕴深厚的佛教文化相映衬，突显出海天浩渺、山势磅礴的气象。此外，摩崖石刻的刻制手法主要为阴刻、线刻。楷书是中国书法中的一种主要字体，它的特点是规范、稳重、端庄，适合用于刻石，能够展现文字的端正和规整。在摩崖石刻上使用楷书字体是为了使文字更加清晰易读，突显刻石的文化内涵。阴刻和线刻是两种常见的摩崖石刻手法。阴刻是在石头表面切割出文字或图案，形成凹陷的效果，而线刻则是在石头表面刻出凸起的线条。这两种手法常用于雕刻深刻的文字或复杂的图案，有助于突出摩崖石刻的立体感和艺术效果。

二、核心基因提取与评价

基于对材料的全面、深入分析，本文化元素的核心基因可表述为"壮美旖旎的海岛风光""恢宏的气势，壮阔的联想""重视海防的意识、守卫边疆的决心"。

摩崖石刻核心文化基因评价依据

评价项目	评价因子	评价依据（特点）	是否
生命力评价	文化基因存续的时间	自出现起延续至今，未曾明显中断	√
		自出现起延续至今，但多次衰微、中断后复兴	
		曾明显衰败，改革开放后开始复兴或历史溯源关键环节缺失，难以考证	
		文化形态主体已灭失，现存部分痕迹	
	文化基因的稳定性	在发展过程中保持相当稳定的状态	√
		在发展过程中存在明显的精神内涵、表现形式剧变	
凝聚力评价	文化基因的凝聚力及社会动员效果	曾广泛凝聚起区域群体的力量，显著推动过社会经济文化的发展	
		曾部分凝聚起区域群体力量，对社会经济文化的发展产生过影响	√
		凝聚过力量，创造过实际的发展动能，但未见对社会经济文化发展产生显著改变	
		仅在历史文献或口耳相传中存在，未见实际介入社会经济发展	

续表

评价项目	评价因子	评价依据（特点）	是否
影响力评价	辐射的范围	具有全国性、世界性的影响力	
		具有长三角区域、浙江省影响力	√
		具有市县、乡镇影响力	
	提炼的高度	已经被古代文人士大夫和当代学者提炼为精神符号和理念理论	√
		单纯的样式、造型、工艺技术规范	
发展力评价	与当代精神追求和价值观念的契合	传统文化基因得到创造性转化、创新性发展；区域革命文化基因被完整继承、广泛弘扬；区域社会主义先进文化基因成为与浙江"三个地"相适应的文化高地	
		部分转化、部分弘扬、部分发展	√
		难以转化、难以弘扬、难以发展	

说明：基因特点评价是对解码出来的基因，根据本《导则》表2的要求，围绕"四个力"逐一对表打"√"，进行定性表述

（一）生命力评价

嵊泗摩崖石刻承载着丰富的历史、文化和宗教信息。通过这些石刻，嵊泗传递着自己的文化传统，将历史的印记一代一代传承下去。这种文化的传承赋予了石刻强大的生命力，使其成为历史文化的载体。摩崖石刻是一种独特的艺术形式，其雕刻手法、字体风格、图案设计等反映了当时的审美观念和艺术水平。这些石刻被当地居民、游客以及研究者视为具有艺术价值的文化遗产，因而在艺术领域具有强大的生命力。摩崖石刻通常反映了嵊泗的历史、宗教信仰或重大事件，人们通过这些刻石，感受到与自己土地紧密相连的历史，从而强化了对家乡的认同感。嵊泗的摩崖石刻具有独特的吸引力，成为旅游景点，它们因游客的持续关注而保持活力。旅游活

动不仅能够使石刻得到更广泛的传播，还能为当地经济注入活力。总的来说，摩崖石刻的生命力源于其多重角色——既是文化传承的载体，又是艺术的表现形式，同时还与地方认同、旅游推动和宗教信仰等因素相互交织。这些特质共同赋予了摩崖石刻在嵊泗的生存和发展中强大的生命力。

（二）凝聚力评价

嵊泗摩崖石刻往往承载着当地独特的历史、文化和传统价值观。当居民在摩崖石刻中看到自己文化的印记时，会产生文化共鸣，强化彼此之间的文化认同感，形成共同的文化记忆。摩崖石刻展现出嵊泗的历史、传统和发展轨迹，这种共同的历史感会让嵊泗人感到自己是一个历史悠久且有着共同经历的群体，从而增强当地社会的凝聚力。如今嵊泗的这些摩崖石刻早已成为旅游景点，吸引游客参观，成为社会凝聚的一种方式。总体而言，摩崖石刻通过记录文化、弘扬传统、成为社区的标志性景观等多重方式，能够在社会中形成共同的精神纽带，增强人与人之间的凝聚力。

（三）影响力评价

众所周知，我国东南沿海一带自古就是抗倭要地，留下了大量抗倭故事和历史遗迹，通过古代文人士大夫和学者提炼、代代传承、发扬，对海防的重视和卫国戍边的情怀深入人心。摩崖石刻承载着丰富的历史、文化和艺术信息，通过展示独特的文化传统和艺术风格，对当地文化产生深远的影响。现如今嵊泗的这些摩崖石刻早已成为网红打卡点，对嵊泗对外宣传产生了巨大的广告效应，影响力巨大。

（四）发展力评价

摩崖石刻既能传承当地的历史文化，又可以通过新的石刻作品传达当代社会的文化信息。通过文化传承与创新，摩崖石刻有望成为文化发展的动力，吸引更多人关注和参与，促使当地文化在新时代焕发生机。嵊泗摩崖石刻具有丰富的文化、旅游和经济潜力，但其发展需要综合考虑各方面的因素，注重平衡传承与创新、文化与经济的关系，以实现摩崖石刻在当地全面发展中的积极作用。

三、核心基因保存

　　"壮美旖旎的海岛风光""恢宏的气势，壮阔的联想""重视海防的意识、守卫边疆的决心"作为摩崖石刻的核心基因，文字资料保存在《嵊泗地名志》，实物材料14处摩崖石刻保存在嵊泗境内。

舌尖嵊泗

嵊泗渔歌　嵊泗文化基因

舌尖嶸泗

舌尖嵊泗指的是嵊泗地区的饮食风俗习惯，它与内陆的饮食习惯有很多相同之处，但在食用海鲜方面独具特色，自成一派。因此，舌尖嵊泗以海鲜为特色食材。俗话说"靠山吃山，靠海吃海"。长期生活在海岛的嵊泗人，依托大自然的恩赐，拥有种类丰富、品质新鲜的海鲜作为食材。在加工和烹饪技艺上，嵊泗以沿海地区常见的手法为主导，熟练运用红烧、清炖、糖醋、油焖、白切、腌制、糟制等技艺。优质的食材加上传统的烹饪技艺，使得嵊泗菜品广受各地游客的喜爱。

一、要素分解

（一）物质要素

1. 独特的海岛海洋地理环境

嵊泗列岛系天台山山脉延伸入海的岛礁群，岛礁出现于第四纪的全新世，绝大部分为基岩组成。列岛地形起伏，水系短小，谷地浅凹，多岙湾岬角。属低缓丘陵地区，丘陵面积约占陆地总面积的 90% 以上，较大的谷地分布在泗礁山、枸杞岛、大洋山岛上，其余岛上谷地狭小。山地高度一般在几十米至一二百米之间，最高点系花鸟岛的前坑顶，海拔 236.9 米，低丘土层瘠薄且多裸岩。地处海洋的地理环境为嵊泗美食以海鲜烹饪的特点奠定了基础。

2. 丰富的渔业资源

嵊泗地处著名的舟山渔场中心，离公海较近，水质好，渔业资源丰富，素有"东海渔仓"之称，拥有丰富的黄鱼、带鱼、墨鱼渔场资源和大面积贻贝养殖海域。嵊泗县海域水产资源中鱼类资源主要有带鱼、大黄鱼、小黄鱼、银鲳、乌鲳、燕尾鲳、海鳗、星鳗、鳓鱼、鲵鱼等；虾类资源主要有周氏新对虾、细巧仿对虾、哈氏仿对虾、须赤虾、中华管鞭虾、中国毛虾、日本毛虾、日本鼓虾、安氏白虾、脊尾白虾等；蟹类资源主要有三疣梭子蟹、远海梭子蟹、红星梭子蟹、东方人面蟹、日本近方蟹、中华近方蟹、痕掌沙蟹等；软体动物资源主要有乌贼、鱿鱼、章鱼、条纹隔贻贝、厚壳贻贝、紫贻贝、笠贝、褶牡蛎、红条毛肤石鳖等。

再辅以其他佐料。它的特点是保持黄鱼本身鲜美柔嫩的口味，而且咸菜凭借黄鱼之鲜味，也变得特别鲜美可口。

（二）精神要素

1.咸鲜结合的中庸理念

咸鲜结合的中庸理念，把古老的民族智慧创造性地运用到食品加工领域。讲究原料间的相互渗透互补，以求达到和合的境界。在食品制作上讲究扬益抑弊，以"和"为贵，力求通过食材和配料的搭配保护其营养价值，做到完美平衡。嵊泗海鲜烹饪技术是集新鲜、爽滑、鲜咸适中、营养丰富于一体的海鲜风味。如咸菜大汤黄鱼的烹饪方式：咸菜大汤黄鱼是嵊泗乃至沪杭甬沿海地区至今仍颇为盛行的一种传统烹饪馔食方式。烧法，先在锅内爆熟少量素油，根据黄鱼大小配以适量咸菜，与清水一起下锅，不用

2.原汁原味的自然本位思想

嵊泗海鲜烹饪最为常见的是清蒸，人们追求食材的新鲜和原汁原味，如清炖黄鱼的做法：先将黄鱼剖洗干净，在鱼背上用刀勒出浅沟，抹上少许盐花，再浇上料酒，加姜片、蒜泥、葱花，然后入锅加盖炖熟。清炖黄鱼味清淡可口，纯真鲜嫩。还有白切墨鱼，做法较为简易，即将墨鱼剖开，除去头与内脏，剥开鱼皮，剔出鱼鳔，入清水锅中炖熟，而后切成块状，蘸酱醋、蚝油等佐料即可食。其特点是做、吃之法简易，保持原汁原味。墨鱼炒素，也是嵊泗渔家的一道家常菜。先将墨鱼杀好洗净去头及皮，将肉切成条状，然后加黄豆芽、芹菜、咸菜或青菜炒熟。

墨鱼卷，是近几年兴起的一种墨鱼烹饪方法，将其两大片肉身洗净，切成几块，再用刀改花刀，炒熟后墨鱼片自动卷起。墨鱼卷有清炒，也有和鲜笋片等一道炒食。

（三）制度要素

1. 独具海岛特色的海鲜烹饪技艺

嵊泗地区海鲜饮食五花八门，烹饪技艺花样繁多。长期生活在海岛的人民，依托大自然的恩赐，在海鲜饮食上不断摸索，不断创造，逐渐形成了具有浓郁地方特色的烹饪技艺，尤其是黄鱼、墨鱼、带鱼、贻贝、梭子蟹、石斑鱼等海产品的烹饪技艺。以带鱼为例，带鱼为嵊泗渔场出产的主要大宗经济鱼类之一，当地对带鱼的烹饪与加工也颇具特色。带鱼可鲜食，也有糟制、腌制、风干、晒鲞等法。

糟带鱼，即将带鱼除去头部尖刺和鱼尾等，洗净切块晒干，用酒糟、酒曲或酒酿等糟制，糟后放入坛内并用泥盖密封。糟带鱼一般在当年冬季带鱼汛中后期制作，次年春夏汛其即可食用，芳香味醇。

风带鱼，即以风吹燥晾干的带鱼干品。一般制法，将鱼去鳍、尾和内脏，净洗后稍加盐，腌上一段时间，取出用清水冲洗后，用竹竿在鱼嘴部串起，挂于通风处晾干。

带鱼鲞，一般选用较大的带鱼，洗净取出内脏去尽污物，然后从背脊部入刀剖开，用小竹钉撑开并晾干。

咸带鱼，将鱼剖洗干净，每市斤鲜鱼以鱼分量之二成盐匀抹，一层鱼一层盐，层层用力掀捺，鱼腹部还应适当多抹些盐，鱼背向下，鱼肚朝上，腌上一昼夜方可食用，称为暴腌带鱼。腌上七至十五天，鱼体表面呈皱皮状，即为成品。出腌后用清洁盐水洗一遍，盛入竹篁，沥出卤水，包装后即可上市出售。若家用咸带鱼，可久腌数月半年，随食随取。

带鱼鲜食，在嵊泗较有特色的几种烹饪方法有咸菜或萝卜烧带鱼、油煎带鱼、清蒸带鱼与红烧带鱼。其中咸菜烧带鱼或萝卜烧带鱼，即以咸菜或萝卜与洗净的带鱼块一起入锅，放上较多的汤，带鱼鲜美之味皆被咸菜或萝卜吸收，而咸菜或萝卜则去了带鱼之腥味，相得益彰，更具美食与营养价值。油煎带鱼，在洗净的鱼段两背面分别用刀轻划，以便油煎时可让油入鱼肉内而促其酥脆。鱼段入沸油锅，但油不能太多，仅以鱼不焦，有适量的油分能让鱼段吸收即可。鱼段炸煎至酥黄及浅棕色即可起锅入盆，撒上葱花，红绿相衬，色香俱佳，其味诱人。

带鱼经济价值高，并有药用价值。带鱼鳞含有大量的油脂、蛋白质及无机盐。嵊泗人吃带鱼从不去鳞，而大陆上有些城市的消费者吃带鱼去鳞，实在是一大损失。从中也可见鱼食风俗不同之处。

2. 独特的海鲜保存加工技艺

嵊泗海产丰富，为了保存海产品，历代嵊泗人通过不断探索和尝试，产生了许多实用的晒制和加工工艺，以便有效地保存海产品、改善海产品风味。

以最为有名的呛蟹为例，每年冬汛是嵊泗海域梭子蟹的旺发期，渔民们捕获的梭子蟹多数用来鲜货销售，也有少数的做为家常用菜。在众多蟹的吃法中，呛蟹的名气最大，素有"风

鳗吊带、嵊泗呛蟹"的说法。呛蟹的制作方法现今仍然延用。

制作工艺：取优质母蟹（膏蟹）若干。常用二分盐头，即10斤蟹，二斤盐的比例，将盐放入桶中用海水溶化，待盐全部溶化后，将膏蟹放入。放蟹时要蟹壳朝下，盐水一定要高出蟹壳，以便盐水浸入蟹体，在膏蟹上面压上石块或其他重物，以免膏蟹浮出水面，24小时后即可食用。膏蟹制成呛蟹后要及时吃掉，盐水久泡后，蟹内会发黑，影响质量。如今有冰箱的，可将呛蟹从水中捞出，用保鲜膜包好放入冰箱，久放则可保存在速冻箱内。

（四）语言与象征符号

1. 嵊泗贻贝

嵊泗贻贝，浙江省舟山市嵊泗县特产，中国地理标志产品，舟山方言

称之为"淡菜"，别名海红（东海夫人）、红蛤、壳菜。嵊泗县海域环境优越、水质肥沃、饵料丰富、温度适中，利于海洋生物栖息，为嵊泗贻贝提供了优良的生长环境，被农业农村部划为一类贝类生产区。

贻贝含有具有降低血清胆固醇作用的代尔太7-胆固醇和24-亚甲基胆固醇，它们兼有抑制胆固醇在肝脏合成和加速排泄胆固醇的独特作用，从而使体内胆固醇下降。它们的功效比常用的降胆固醇药物谷甾醇更强。人们在食用贻贝后，常有一种清爽宜人的感觉。

贻贝营养价值高，并有一定的药用价值，素有"海中鸡蛋"之称。嵊泗所产贻贝具有个大、鲜嫩、肉肥、出肉率高、营养丰富、无污染等特点，为海鲜中的佳品。

采集野生贻贝供人使用、交易，

在嵊泗已有悠久的历史。先民究竟是如何开始在嵊泗诸岛上采贻贝的，虽然无明确史料可引述，但在当地，一直流传着一则"贻贝和岛猴"的传说，从一个侧面印证了嵊泗贻贝生长和利用的原始状况。

到唐朝时，嵊泗贻贝制成的贻贝干就因质量上乘，被时称翁山县的舟山官府选作进贡朝廷的御供珍品，呈送京城，史称"贡干"，历代不衰。到明代，嵊山、壁下山（即陈钱山、下巴山）等诸岛上的贻贝采获已具相当规模。明代嘉靖年间（1522—1566）著名的抗倭儒将郑若曾曾述："曾尝亲至海上而知之。向来定海、奉象一带，贫民以海为生，荡小舟至陈钱、下巴山取壳肉、紫菜者，不啻万计。"由此可见当时嵊山诸岛上采获"壳肉"即壳菜——贻贝的规模之盛大。同时，这些来自镇海、奉化、象山等地的沿海渔民把经过加工的嵊泗贻贝干带回了浙东沿海大陆乃至更远的杭州和江西、江苏、福建一带销售，使得嵊泗贻贝的清香远飘四方。

嵊泗贻贝的制作方法：

冻贻贝加工流程：贻贝摘取→壳体清洗→蒸煮 → 剥壳、去足丝→肉体清洗→单冻→速冻→包装→冷藏。

干贻贝加工流程：贻贝摘取→壳体清洗→蒸煮 → 剥壳、去足丝→肉体清洗→干燥→包装→冷藏。

2.嵊泗梭子蟹

梭子蟹在嵊泗各岛一年四汛都有，它不仅资源丰裕，捕捞量大，而且食用历史悠久，烹饪和加工方法独特，尤以呛蟹最为著名，成为闻名于世的海鲜珍肴。嵊泗食用梭子蟹，分别有蒸蟹、炒蟹、火锅生蟹块、呛蟹、醉蟹、蟹股、蟹糊及蟹松等近十种烹饪和加工方法。梭子蟹全身是宝，除了可供食用外，蟹壳可入药和提炼甲壳素等，其蟹膏俗称蟹黄，可制蟹黄饼，是嵊泗渔岛特有的纯天然的海鲜调味品。梭子蟹制作方法有：

蒸笼活蟹：俗称烤蟹。其味之鲜美无与伦比。没有辣椒，没有芥末，只是简简单单的一碟酱油一碟醋，这正是嵊泗海鲜的最高境界——原汁原味。映衬了美食家说过的"清蒸，是对海鲜最高的礼遇"。

倒笃蟹：红膏蟹洗干净一切二，在蟹刀口处用蛋清糊满，上笼蒸熟，起锅装盘。其特点是蟹鲜味美，肉嫩膏满，原汁原味，回味鲜甜。

呛蟹：是嵊泗菜系里的头牌花魁。秋风起，膏蟹肥，选用生的梭子蟹或白蟹用饱和盐水腌制几小时到一天时间，捞起来就能食用。一打开，红艳艳的半凝固的膏，淡黄色的流黄，半透明的蟹肉晶莹剔透，闪着玉石般的光泽，还未吃已让人满口生津。膏蟹入口即化，蟹肉细腻柔顺，那种咸又透骨鲜的味道绝对让人回味无穷。

蟹糊：螃蟹捣碎，用盐调味，腌制十几个小时，即成了"蟹浆"，分次取食时酌加米醋等调料，称为"压饭榔头"。

3.嵊泗带鱼

带鱼为嵊泗渔场出产的主要大宗经济鱼类之一，尤以嵊山带鱼最为著名，它浑身银白似剑，骨软少刺，肉肥质白多脂肪，鲜美可口胜鸡汤，尤以冬至前后的带鱼含脂肪量最多，体

最肥。带鱼可鲜食，特别是带鱼肚皮肉鲜嫩肥美，无比可口，"带鱼吃肚皮"，就是这个道理。

带鱼富含脂肪、蛋白质、维生素A、不饱和脂肪酸、磷、钙、铁、碘等多种营养成分。带鱼性温，味甘，具有暖胃、泽肤、补气、养血、健美以及强心补肾、舒筋活血、消炎化痰、清脑止泻、消除疲劳、提精养神之功效。

带鱼富含人体所必需的多种矿物元素以及多种维生素，实为老人、儿童、孕产妇的理想滋补食品，尤其适宜气短乏力、久病体虚、血虚头晕、食少羸瘦、营养不良以及皮肤干燥者食用。此外，孕妇吃带鱼有利于胎儿脑组织发育；少儿多吃带鱼有益于提高智力；老人多吃带鱼则可以延缓大脑萎缩、预防老年痴呆；女性多吃带鱼，能使肌肤光滑润泽，长发乌黑，面容更加靓丽。

嵊泗带鱼的制作方法：

酒酿香酥竹签烤带鱼

原材料：冰鲜带鱼2条、烧烤竹签。

腌带鱼

调料：食盐少量、白胡椒粉少量、白酒1汤匙。

调味料：小葱2根、生姜1片、大蒜2瓣、小红辣椒2根、酒酿1汤匙、香辣豆豉酱2汤匙、鱼露2汤匙。

做法：

1.处理好的带鱼用剪刀剪成小段，用少量食盐、白胡椒粉和1汤匙白酒腌制10分钟。

2.小葱、大蒜、生姜和红辣椒分别切成末备用。

3.葱花、蒜末、生姜末、红辣椒末放在小碗中，放入酒酿1汤匙、香辣豆豉酱2汤匙和鱼露2汤匙，拌匀成酒酿香酱料。

4.烤盘底部铺一层锡纸，并在锡纸表面刷一层食用油，带鱼用竹签串好摆在烤盘上。

5. 在带鱼表面均匀地刷一层调好的酒酿香酱料。

6. 烤盘放入烤箱中层，180℃上下火烤制10分钟。

7. 10分钟后取出烤盘，把带鱼翻面，在带鱼表面均匀地刷一层调好的酒酿香酱料。

8. 烤盘放入烤箱中层，180℃上下火烤制10分钟。

9. 取出烤盘，把带鱼摆在盘中，表面再撒一些葱花和辣椒末做点缀。

二、核心基因提取与评价

基于对材料的全面、深入分析，本文化元素的核心基因可表述为"丰富的渔业资源""咸鲜结合的中庸理念""原汁原味的自然本位思想""独具海岛特色的海鲜烹饪技艺""独特的海鲜保存加工技艺"。

舌尖嵊泗核心文化基因评价依据

评价项目	评价因子	评价依据（特点）	是否
生命力评价	文化基因存续的时间	自出现起延续至今，未曾明显中断	√
		自出现起延续至今，但多次衰微、中断后复兴	
		曾明显衰败，改革开放后开始复兴或历史溯源关键环节缺失，难以考证	
		文化形态主体已灭失，现存部分痕迹	
	文化基因的稳定性	在发展过程中保持相当稳定的状态	√
		在发展过程中存在明显的精神内涵、表现形式剧变	
凝聚力评价	文化基因的凝聚力及社会动员效果	曾广泛凝聚起区域群体的力量，显著推动过社会经济文化的发展	√
		曾部分凝聚起区域群体力量，对社会经济文化的发展产生过影响	
		凝聚过力量，创造过实际的发展动能，但未见对社会经济文化发展产生显著改变	
		仅在历史文献或口耳相传中存在，未见实际介入社会经济发展	

评价项目	评价因子	评价依据（特点）	是否
影响力评价	辐射的范围	具有全国性、世界性的影响力	
		具有长三角区域、浙江省影响力	√
		具有市县、乡镇影响力	
	提炼的高度	已经被古代文人士大夫和当代学者提炼为精神符号和理念理论	
		单纯的样式、造型、工艺技术规范	√
发展力评价	与当代精神追求和价值观念的契合	传统文化基因得到创造性转化、创新性发展；区域革命文化基因被完整继承、广泛弘扬；区域社会主义先进文化基因成为与浙江"三个地"相适应的文化高地	√
		部分转化、部分弘扬、部分发展	
		难以转化、难以弘扬、难以发展	
说明：基因特点评价是对解码出来的基因，根据本《导则》表2的要求，围绕"四个力"逐一对表打"√"，进行定性表述			

（一）生命力评价

嵊泗地处东海，周围海域资源丰富，拥有丰富的海产品，包括各种鱼类、贝类、蟹类等。这为当地美食提供了丰富的食材基础，使得美食具备极高的新鲜度和品质。嵊泗地域环绕海洋，海洋文化深深融入当地生活。美食不仅是口腔的享受，更展现了当地海洋文化。美食中蕴含的烹饪技巧、食材搭配和传统食用方式都反映了当地独特的海洋文化。嵊泗美食承载着悠久的历史和丰富的传统烹饪技艺。这些传统技艺在当地得到传承，使得美食不仅保持了原汁原味，同时也吸引了更多的人关注和喜爱。旅游业也推动着嵊泗美食的发展，随着旅游业的发展，更多的游客前来品尝当地美食，使得美食文化得到更广泛的传播，同时也刺激了当地餐饮业的发展。嵊泗美食在激烈的食品市场竞争中生根发芽，并持续为当地和游客带来独特的美食体验，展现出强大的生命力。

（二）凝聚力评价

嵊泗美食承载着当地深厚的海洋文化和历史传统，通过食物味道和烹饪方式，激起居民对自身文化的认同感。这种文化共鸣使得美食成为居民之间交流、分享的重要纽带，形成一种共同体验和认同感。嵊泗的传统节庆常常与美食紧密相连，例如美食节等活动。这些节庆活动不仅吸引了当地居民，也吸引了外来游客，共同参与美食文化的庆典，形成了强大的凝聚力。嵊泗美食的传承是一代代人的共同努力。老一辈的居民将传统的烹饪技艺和美食文化传承给年轻一代，形成了一种文化血脉传承，增强了凝聚力。这些方面的凝聚作用，使得嵊泗美食不仅是一种口感的享受，更是一种文化的传承和社区凝聚的纽带，促使当地社区形成更加紧密的联系。

（三）影响力评价

嵊泗的美食是吸引游客的重要因素之一。当地特有的海鲜美食、传统烹饪技艺吸引了众多游客前来品尝。美食成为旅游行程中不可或缺的一部分，从而推动了嵊泗旅游业的发展。美食的口味和品质在游客中口口相传。通过游客的口碑传播，嵊泗的美食在社交媒体和旅游平台上积累了良好的声誉，吸引更多的人前来尝试当地特色。嵊泗美食是当地海洋文化的代表，通过美食的传播，当地的海洋文化得以在全国范围内输出。美食作为文化符号，使得更多的人对嵊泗产生兴趣，带动了当地文化的传播。嵊泗举办的美食节庆等活动吸引了大量媒体和游客的关注，成为传播当地美食文化的重要平台。这些活动为嵊泗美食赢得更广泛的关注，提升了其影响力。通过这些渠道的传播，嵊泗美食已经不仅是地方性的特色，更成为一个具有影响力的文化符号，对当地的经济、文化和旅游业的发展都起到了积极的推动作用。

（四）发展力评价

嵊泗美食在传承传统的基础上，不断进行创新，融合当地的海洋文化与现代烹饪技艺。通过新颖的烹饪方式、创意的菜单设计，美食得以不断更新，吸引更多顾客尝鲜。嵊泗美食的发展不仅是餐饮业的独立发展，还牵涉到农渔业、食材供应链等多个产业。这种产业链的联动带动了整个地区的发展，形成了互相促进的发展模式。嵊泗美食通过挖掘当地独特的海洋文化元素，将文化融入菜品之中，赋予了美食更深层次的内涵。这种文化挖掘不仅增加了美食的文化底蕴，同时也为品牌塑造和市场营销提供了更多的可能性。旅游业是嵊泗的支柱产业之一，而美食则成为旅游业吸引游客的一项重要资源。美食的不断发展壮大，为旅游业提供了新的增长点，使得更多游客慕名而来。一些具有地方特色的餐饮企业通过品牌建设，打造了自己的特色美食品牌。这些品牌的推广不仅为企业带来了商业成功，同时也为嵊泗美食树立了更广泛的地方品牌形象。通过这些方面的发展，嵊泗美食不仅满足了当地居民的需求，也在吸引游客、促进相关产业发展等方面发挥了积极的作用，展现出强大的发展潜力。

三、核心基因保存

　　"丰富的渔业资源""咸鲜结合的中庸理念""原汁原味的自然本位思想""独具海岛特色的海鲜烹饪技艺""独特的海鲜保存加工技艺"作为舌尖嵊泗的核心基因，文字资料《列岛遗风》保存在嵊泗图书馆，实物材料在嵊泗境内均有留存。

嵊泗海岛公园

嵊泗渔歌　嵊泗文化基因

嵊泗海岛公园

　　在全省大花园建设的战略引领下，海洋板块开启新的发展篇章，海岛旅游成为充满希望的浙江旅游新蓝海。2019年1月，省政府工作报告提出"要加快建设嵊泗、韭山、大陈、洞头等十大海岛公园"。2019年9月《浙江省海岛大花园建设规划（2019—2025）》（以下简称《规划》）正式发布。《规划》明确提出实施"生态护岛、旅游兴岛、绿色用岛、设施联岛、创新活岛"五大行动，到2025年建成十大海岛公园，推进浙江沿海岛屿串珠成链的全域旅游发展，成为全国海洋生物多样性保护示范区、全国海岛绿色发展引领区和长三角海上大花园愿景。

在此背景下，《嵊泗海岛公园建设规划》（以下简称《规划》）正式启动。规划范围包括菜园镇、五龙乡、黄龙乡、嵊山镇、枸杞乡、花鸟乡。嵊泗海岛公园陆域面积 50.6 平方公里，海域面积 685.7 平方公里。规划以国际海岛旅游为发展方向，借力长三角一体化，把握海洋经济建设与"四大"建设机遇，搭建发展平台，确立舟山国际岛顶层战略。在战略层面，嵊泗以"1235"战略为发展框架，依托优越的地理、交通、经济区位和得天独厚的旅游资源，不断完善海岛旅游配套设施，竭力将嵊泗打造为"浙江省海岛公园建设示范区""中国海岛旅游典范区""国际海岛休闲旅游目的地"。

一、要素分解

（一）物质要素

1.优越的区位条件

嵊泗位于舟山群岛北部，紧邻上海，坐拥长三角黄金客源市场，能够便利地借势杭州湾大湾区经济带，并借助两大自贸区获得大量国际客源。嵊泗列岛，也有"海上仙山"之称，由数以百计的岛屿组成，是中国唯一的国家级列岛风景区。

2.得天独厚的"离岛、山海、渔业、慢村"旅游资源

"离岛"，　海岛公园各岛屿均远离大陆，尤其是嵊山、枸杞、花鸟、绿华、壁下，宛如漂浮在东海的绿珠，由西至东，

海水透明度逐级提升，夏季海水质量最佳，碧海蓝天，景观价值高。离岛特征营造出优越的海洋度假环境，相对独立的岛屿空间和蓝海景观环境是打造精致化、定制化的国际度假岛的必备条件之一。

"山海"，海岛公园各岛屿山海景观组合度良好，形成高质量的滨海岸线，岛屿耸立，礁岩棋布，形态幻化多样；各岛都分布有优良的海滩，其中以泗礁岛上的基湖沙滩和南长涂沙滩最为著名；各岛东南侧基岩海岸，受海水侵蚀，多形成海蚀崖，落差高，奇险无比，尤以嵊山东崖绝壁、六井潭、和尚套最为出名。海蓝、礁美、滩佳、石奇、崖险，有开发高品质滨海景观带的基础条件。

"渔业"，嵊泗列岛历史悠久，远在新石器时代，岛上已有先民居住，在春秋战国时，这里已有舟楫飞舞，是海上热土和海洋文明发祥地之一。嵊泗是我国东海的渔场中心，号称"东海鱼仓"，著名的嵊山渔港，入汛期间，万船云集，白昼鱼市兴隆，入夜渔火点点，堪称海景一绝。百年灯塔、百年渔港、船锚之地、渔猎文化、渔家生活习俗等资源将构成海岛公园文化

体验产品的灵魂。同时，水产资源丰富，能满足本区域全年不间断开展游钓活动的客观需要，钓法种类和可钓品种优势突出，是发展海钓的理想场所。

"慢村"，嵊泗是浙江省陆域面积最小的县，又是海域面积最大的县，99%的海水 +1%的岛屿构成了嵊泗列岛，素有"一分岛礁九九海"之说，城镇和村落具有小而美的特色。"微城"这一定位准确地阐释了嵊泗的独特性，微城慢村，营造了生活简单、节奏舒缓的氛围，是都市人向往的理想之所。田岙村、黄沙村、边礁村、会城村、峙岙村、奇观村、东昇村、关岙村、马迹村、花鸟村、后头湾村等旅游特色村落形成了滨海民宿度假、渔家风情体验等产品，以风情小镇、景区村庄建设为抓手的旅游提升工程将使"微城慢村"的资源优势进一步彰显。

（二）精神要素

生态立县的发展理念。生态立县是嵊泗海岛公园的首位发展理念。嵊泗海岛公园的绿水青山，时刻在向世人彰显着"好山好水好空气"。在大力建设海岛公园之时，嵊泗启动了"低

碳零碳"试点示范，持续打好污染防治攻坚战，加快海洋生态保护修复。嵊泗海岛公园生态环境质量稳居全省前列，先后荣获国家生态文明建设示范县、国家海洋生态文明示范区、国家海洋牧场示范区等"国字号"金名片，"绿水青山就是金山银山"发展指数百强县排名在全国第六，呈现出了"一岛一风景、岛岛是花园"的美丽画卷。

（三）制度要素

1.以"1235"战略框架为海岛公园建设方针

嵊泗海岛公园以"1235"战略框架为指导方针。

"1"指一大目标体系，包括浙江省海岛公园建设示范区、中国海岛旅游典范区、国际海岛休闲旅游目的地。顺应世界海岛旅游发展趋势，借长三角一体化、杭州湾大湾区和两大自贸区之便，以浙江省海岛公园标杆为发展站位，谋定嵊泗海岛旅游发展蓝图。以海上大花园建设为总纲领，在嵊泗"十四五"的谋划之初，以海岛旅游提质增效为突破口，通过大旅游产业的关联带动，以"生态护岛、旅游兴岛、绿色用岛、设施联岛、创新活岛"为战略，先行推进嵊泗海岛公园建设。按照"一岛一主题、一岛一特色"原则，打造海岛公园的IP，不断增强海岛公园的品牌知名度和美誉度；配套设施因地制宜，构建生态化、立体化、主题化的旅游服务支撑体系；产业上体现绿色循环和"旅游+"理念，重点培育休闲渔业、海岛文创、康体运动等产业，形成海岛活力绿色产业链。最终实现"三个率先"发展目标，即以国际化、融合化、项目化的发展理念，率先将嵊泗打造成为浙江省海岛公园建设示范区、中国海岛旅游典范区、国际海岛休闲旅游目的地。

"2"指两大发展区域，核心发展区、协同发展区。核心发展区：主要包括花鸟岛、嵊山岛、枸杞岛、绿华岛、壁下岛及马鞍列岛周边岛屿。协同发展区：主要包括泗礁本岛及黄龙岛。明确泗礁本岛的海岛公园门户格局，强化花鸟岛、嵊山岛及枸杞岛等核心区建设，提升壁下岛、绿华岛等小岛旅游配套服务，探索马郎岛、蝴蝶岛等无居民岛屿的特色产品开发。利用门户服务—核心区主题产品表现一节点配套互动的发展格局，促进海岛旅游产品的优化提升，构建岛际更联动、功能更互补的海岛公园空间格局。小岛可依托大岛的综合服务功能，发展配套的产品和业态，大岛也可借助小岛的空间优势及服务配套，发展海上运动休闲等特色产品。重点谋划泗礁本岛带黄龙岛、花鸟岛带绿华岛、嵊山岛带壁下岛的三大岛群格局。在特色项目布局上，充分考虑多小岛组团开发，如国际海钓项目，利用基地海域内部分小岛及无居民岛屿作为配套钓点，形成组团联动的发展格局。

"3"指三大开发路径，国际岛、定制岛、生态岛。国际岛开发主要包括国际旅游品牌项目建设（国际品牌度假酒店整岛开发、国际艺术海岛、国际时尚休闲海湾、国际邮轮站点、国际海钓公园）、服务管理水平与国际接轨（国际旅行社服务、综合免税店建设、国际化交通服务、国际化管理运营经验借鉴）、国际节事赛事常态举办（国际海上运动基地、国际海钓锦标赛举办地、国际帆船运动永久赛场、国际沙滩排球邀请赛场、中国渔俗文化窗口）；定制岛开发主要从

时间定制（海岛休闲一日特色游、渔村风情两日精品游、离岛度假多日体验游）、品质选择（拼船海岛游、包船海岛游、私人豪华海岛游）、空间组合（一日多岛、一日一岛、多日多岛、多日一岛）、主题定制（运动主题游、研学主题游、艺术主题游、民俗主题游、美食主题游）这4个方面展开；生态岛开发主要从绿色、低碳发展理念落实（花鸟零碳岛新能源转化示范区、东海零碳岛试验区科普教育基地、东海生态保护展示中心、蓝海牧场提升工程、浙江海洋循环经济示范区）、环境整治与景观提升建设（蓝色海湾整治修复行动、金色沙滩修复、绿色景观建设）、海岛旅游环境容量控制（基于数字海岛的流量监控系统、旅游管理中的生态化理念强化）3方面实现。

"5"指五大建设体系，旅游产品体系、景区村镇体系、绿色交通体系、生态海岛体系、数字海岛体系。旅游产品体系建设包括花鸟岛、枸杞岛、嵊山岛、泗礁岛、黄龙岛五大岛屿的发展引导，主题岛项目建设，产品体系，精品游线培育，产业体系与产业引导，景观提升建设等6个方

面内容；景区村镇体系指的是海岛村庄风貌改造、海岛景区村镇建设、海岛公园文化基因解码3方面内容；绿色交通体系建设包括综合交通体系提升、海岛公园绿道建设2方面内容；生态海岛体系建设包括海岛生态建设标志性工程落实、海岛旅游环境容量控制、海岛环卫设施提升3方面内容；数字海岛体系建设包括海岛公园智慧旅游建设、海岛公园智慧民宿产业打造、海岛公园其他智慧系统建设3方面内容。

2. 以长三角旅游一体化为市场突破契机

长三角地区正在加快推进旅游一体化进程，鼓励各地推出主题精品旅游线路，但海岛旅游尚未纳入。嵊泗可借海岛公园之契机，寻求区域突破。嵊泗应洞悉长三角旅游市场需求，发挥舟山区域的海岛旅游优势条件，通过海岛公园建设，形成嵊泗海岛公园的独特卖点，引领长三角海岛旅游新风尚。

3. 以体验游为海岛旅游开发新格局

未来新型海岛开发将由1.0观光产品直接进入4.0体验游阶段，因此，重新定义"新海岛"、创新开拓"新

场景"是必然趋势。全球滨海旅游蓬勃发展，逐渐呈现出高端度假驱动、邮轮港口驱动、民风民情驱动等多种发展模式以及海岛观光、海岛休闲、水上运动等多种旅游产品。

（四）语言和象征符号

1. "离岛·微城·慢生活"

"离岛·微城·慢生活"，是嵊泗海岛公园的战略品牌。

离岛：指嵊泗县地理位置的特殊性，位于海上的群岛之中。这表明嵊泗以独特的海洋风光和海岛资源为特色，强调其离开城市喧嚣，成为一处宁静、与世隔绝的度假胜地。微城：指嵊泗县相对较小规模的城市。这强调了嵊泗在城市发展上倡导的"微城市"理念，即在保持小城市特色的同时，注重人文关怀，倡导简约、宜居的城市生活。慢生活：强调嵊泗县的生活方式追求慢节奏、悠闲自在。这是对于快节奏生活方式的一种反思，强调品味生活，享受自然、文化和人文的乐趣。

2. 浙江海上大花园

2019年，省政府在舟山发布了《浙江省海岛大花园建设规划（2019—

2025）》，吹响了浙江海岛公园建设的冲锋号。浙江十大海岛公园舟山占了4个，这是省委、省政府对舟山的信任和期盼，是新时期赋予舟山的重大任务，也是舟山建设共同富裕示范区先行市、重要窗口海岛风景线的重要抓手。在2020年全省海岛公园建设首次考核中，舟山嵊泗县和普陀区在十大海岛公园中列前两名，全省海岛公园大数据中心也落户在了舟山。

二、核心基因提取与评价

基于对材料的全面、深入分析，本文化元素的核心基因可表述为"优越的区位条件""以长三角旅游一体化为市场突破契机""以体验游为海岛旅游开发新格局"。

嵊泗海岛公园核心文化基因评价依据

评价项目	评价因子	评价依据（特点）	是否
生命力评价	文化基因存续的时间	自出现起延续至今，未曾明显中断	√
		自出现起延续至今，但多次衰微、中断后复兴	
		曾明显衰败，改革开放后开始复兴或历史溯源关键环节缺失，难以考证	
		文化形态主体已灭失，现存部分痕迹	
	文化基因的稳定性	在发展过程中保持相当稳定的状态	√
		在发展过程中存在明显的精神内涵、表现形式剧变	
凝聚力评价	文化基因的凝聚力及社会动员效果	曾广泛凝聚起区域群体的力量，显著推动过社会经济文化的发展	√
		曾部分凝聚起区域群体力量，对社会经济文化的发展产生过影响	
		凝聚过力量，创造过实际的发展动能，但未见对社会经济文化发展产生显著改变	
		仅在历史文献或口耳相传中存在，未见实际介入社会经济发展	

续表

评价项目	评价因子	评价依据（特点）	是否
影响力评价	辐射的范围	具有全国性、世界性的影响力	
		具有长三角区域、浙江省影响力	√
		具有市县、乡镇影响力	
	提炼的高度	已经被古代文人士大夫和当代学者提炼为精神符号和理念理论	√
		单纯的样式、造型、工艺技术规范	
发展力评价	与当代精神追求和价值观念的契合	传统文化基因得到创造性转化、创新性发展；区域革命文化基因被完整继承、广泛弘扬；区域社会主义先进文化基因成为与浙江"三个地"相适应的文化高地	√
		部分转化、部分弘扬、部分发展	
		难以转化、难以弘扬、难以发展	

说明：基因特点评价是对解码出来的基因，根据本《导则》表2的要求，围绕"四个力"逐一对表打"√"，进行定性表述

（一）生命力评价

　　嵊泗海岛公园拥有丰富的自然资源，包括美丽的海滩、清澈的海水、原始的自然风光等。这些自然资源为海岛公园提供了独特的生态环境，吸引了大量游客和自然爱好者。海岛公园在规划和运营中注重生态保护，采取科学合理的管理措施，保护和维护当地的生态系统。这种可持续的管理方式有助于保持海岛公园的自然原始状态，为生态旅游提供了可持续的基础。海岛公园规划得到地方政府的大力支持，包括财政投入、政策扶持等方面，保持其长期的生命力。

（二）凝聚力评价

　　嵊泗海岛公园拥有独特而美丽的自然景观，如海滩、山川、

植被等。这些自然景观能够深深吸引游客，形成对自然美的共鸣，使游客在这里能够找到心灵的慰藉和寄托。同时融入了嵊泗特有的海洋文化和历史元素，通过景点设置、文化活动等方式传承当地的文化，游客能够感受到浓厚的地方文化氛围，增加了海岛公园的凝聚力。

（三）影响力评价

2019年1月，省政府工作报告提出"要加快建设嵊泗、韭山、大陈、洞头等十大海岛公园"。打造好嵊泗海岛公园，将对长三角地区产生重大影响。

（四）发展力评价

嵊泗海岛公园建设将借力长三角一体化实现区域突破、洞悉长三角旅游市场需求、发挥舟山区域的海岛旅游优势条件，形成在长三角区域的独特卖点，引领长三角海岛旅游新风尚。

三、核心基因保存

"优越的区位条件""以长三角旅游一体化为市场突破契机""以体验游为海岛旅游开发新格局"作为嵊泗海岛公园的核心基因，文字资料保存在嵊泗县文旅局，实物材料海岛公园主体在嵊泗境内。

嵊泗海洋剪纸

嵊泗渔歌　嵊泗文化基因

嵊泗海洋剪纸

　　嵊泗剪纸是吴越文化和海洋文化融合的产物。嵊泗的先民大都由宁波、温州等地迁徙而来。他们在传承宁温等地吴越文化的同时，以岛为家，以海为生，在海岛上渔猎栖息、代代相传。当海岛独特的地域、人文因素与大陆传统剪纸艺术发生碰撞后，便形成了具有浓郁海洋文化特色的嵊泗海洋剪纸艺术。

嵊泗海洋剪纸的题材和艺术风格。渔民的日常生产、生活、海洋生物、海岛景色等都是海洋剪纸艺术表现的对象。在艺术风格上，它既有北方的粗犷深厚，又有南方的秀丽明快，既有传统民间剪纸风味，又结合了现代美术理念。它讲求别具一格的形式美感，构图多以散点透视为基点，纹样轮廓运用"花中套花"手法，层次丰富，疏密有致。在表现手法上，它更强调现代创造意识，吸收现代生活习惯和审美特点，有意识地突破常规的、传统的创作模式。

嵊泗海洋剪纸应用广泛。千百年来，嵊泗海洋剪纸在渔家婚丧寿庆、谢洋开捕、神祀祭拜、年节时令等本土民俗文化中一直扮演着重要角色，如新婚婚房中的鱼、龙剪纸图案，祭祀仪式上的"年年有余""步步高升"图案。

嵊泗渔家儿女怀着对美好生活的热爱，对艺术真谛的追求，潜心钻研，创作了一幅幅形式多样、想象丰富、构思奇趣的海洋剪纸作品，成为嵊泗海洋文化中的又一瑰宝。

一、要素分解

（一）物质要素

1.品类繁多的制作工具和材料

嵊泗剪纸的制作工具为剪刀、刻刀、蜡盘等，制作材料是传统的红色宣纸及各色油纸。另外，铅笔、钉书机、橡皮、浆糊（胶水、固体胶）、镊子等在剪纸制作中都有应用。

2.丰富的海洋相关剪纸题材

嵊泗海洋剪纸的题材主要源自丰富的海洋文化和自然景观，涵盖了海洋生物、船只、渔村风情等多个方面。

海洋生物：剪纸作品中常出现各种海洋生物，如海星、海马、海螺、海龟、各种鱼类等。这些生物以精致的剪纸形式呈现，展现了海洋的生态多样性。

海洋植物：海洋剪纸中可以包括海藻等海洋植物，以及其他沿海地区常见的植物元素，如海滨植物和花卉。

船只和航海元素：剪纸中常出现渔船、帆船、灯塔等与航海相关的元素，展现了嵊泗作为海岛地区独特的航海文化。

渔村风情：描绘渔村的剪纸作品可以包括渔民、渔船、渔具等元素，展现了嵊泗海洋文化中勤劳而淳朴的渔村生活。

海洋节庆：剪纸作品中还可以体现一些与海洋相关的节庆元素，如渔民的庙会、海神信仰的场景等，反映了海洋文化中的宗教和传统庆典。

自然景观：剪纸中可以呈现嵊泗海岛的自然景观，包括海滩、礁石、海浪等元素，通过剪纸的形式展现出美丽而宁静的海岛风光。

渔业活动：剪纸作品中可以表现渔民的劳作场景，如捕鱼、晒网、修船等渔业活动，生动展现了嵊泗海洋文化中的劳动与生活。

这些丰富的题材使嵊泗海洋剪纸既具有艺术性，又富有地方特色，能够生动地反映出嵊泗丰富多彩的海洋文化。

（二）精神要素

1. 本土化的创新理念

嵊泗的先民大都源于宁波、温州、杭州，伴随着他们的迁入，传统剪纸艺术与嵊泗环境、人文因素发生碰撞，

进行了本土化创新。在这一过程中，海岛人民有意识地突破传统剪纸的创作模式，大胆吸收当地元素和审美观点，创造出了具有海洋风格的剪纸艺术。同时，嵊泗人将海洋剪纸艺术应用于各个领域，如服装设计、舞美设计、工艺品、礼品包装等，使海洋剪纸艺术得到"二次创新"。

2. 精雕细琢的工匠精神

嵊泗海洋剪纸具有它的装饰性，是海岛人民群众创作的，用以美化环境、丰富民间风俗活动，并在日常生活中应用及流动的艺术，它贯穿于人民群众生活和精神世界的各个领域，直接反映了海岛劳动人民的思想感情、审美观念和精神理想，并显示他们精雕细琢的工匠精神。

（三）制度要素

1. 严谨的制作流程

嵊泗海洋剪纸流程严谨，包括起稿、剪、刻、撕、装裱五个步骤。起稿时要充分考虑整体构图的黑白关系、夸张变形、立体效果、连接关系等因素，构图要饱满、装饰性要强、笔笔相连、要能突出剪刻的韵味，同时明确各类纹路的应用位置，充分发挥剪纸艺术

语言的造型和装饰作用。剪、刻、撕流程中，应遵循"剪边边缘光滑、刻纸行刀要实"的基本原则。装裱时要做到"黏连牢固、展开平整"，并根据不同的材质、主题和制作要求，合理选择局部装裱或全部装裱。

2. 丰富的剪纸手法

嵊泗海洋剪纸表现手法主要分为8类。单色剪纸表现手法有4类，即阴剪、阳剪、阴阳剪刻、剪影；套色剪纸（亦称衬色剪纸）表现手法有色底法和贴色法；立体剪纸是平面折纸和剪纸的综合产物，表现手法有纸浮雕、纸雕塑。

3. 散点透视为构图规则

嵊泗海洋剪纸艺术的构图多以散点透视为基点，在特定的纹样轮廓内运用"花中套花"手法，和谐地构成完整图案，虚实得体，疏密有致，罗列有序，让人感觉丰富且有变化。

（四）语言和象征符号

海洋特色图形纹样

海洋剪纸的常用装饰纹样体现了海岛独特的自然、人文风貌，具有鲜明的海洋文化特征。常用的十大装饰纹样中，"海浪纹""海鸥纹""水纹"用于表现海洋环境，"太阳纹""月牙纹""锯齿纹""柳叶纹"用于表现鱼、贝等生物的形态。这些图形纹样见证了大陆剪纸艺术远播海岛，与海洋文化融合互鉴、创新发展的历史过程。

二、核心基因提取与评价

基于对材料的全面、深入分析，本文化元素的核心基因可表述为"本土化的创新理念""严谨的制作流程""海洋特色图形纹样"。

嵊泗海洋剪纸核心文化基因评价依据

评价项目	评价因子	评价依据（特点）	是否
生命力评价	文化基因存续的时间	自出现起延续至今，未曾明显中断	√
		自出现起延续至今，但多次衰微、中断后复兴	
		曾明显衰败，改革开放后开始复兴或历史溯源关键环节缺失，难以考证	
		文化形态主体已灭失，现存部分痕迹	
	文化基因的稳定性	在发展过程中保持相当稳定的状态	√
		在发展过程中存在明显的精神内涵、表现形式剧变	
凝聚力评价	文化基因的凝聚力及社会动员效果	曾广泛凝聚起区域群体的力量，显著推动过社会经济文化的发展	
		曾部分凝聚起区域群体力量，对社会经济文化的发展产生过影响	√
		凝聚过力量，创造过实际的发展动能，但未见对社会经济文化发展产生显著改变	
		仅在历史文献或口耳相传中存在，未见实际介入社会经济发展	

续表

评价项目	评价因子	评价依据（特点）	是否
影响力评价	辐射的范围	具有全国性、世界性的影响力	
		具有长三角区域、浙江省影响力	
		具有市县、乡镇影响力	√
	提炼的高度	已经被古代文人士大夫和当代学者提炼为精神符号和理念理论	
		单纯的样式、造型、工艺技术规范	√
发展力评价	与当代精神追求和价值观念的契合	传统文化基因得到创造性转化、创新性发展；区域革命文化基因被完整继承、广泛弘扬；区域社会主义先进文化基因成为与浙江"三个地"相适应的文化高地	√
		部分转化、部分弘扬、部分发展	
		难以转化、难以弘扬、难以发展	

说明：基因特点评价是对解码出来的基因，根据本《导则》表2的要求，围绕"四个力"逐一对表打"√"，进行定性表述

（一）生命力评价

早在北宋时期，嵊泗就以"北界村"的名义进入文明发展的历史进程。来自江浙地区的先民带来了大陆文明，其中就有传统剪纸艺术。传统剪纸艺术得以转变为海洋剪纸艺术，离不开当地地域、人文因素的浸染，因此海洋文化特征鲜明的图形、纹样比比皆是。此外，一项艺术历经岁月考验得以延续，必须与时俱进、因地制宜地进行本土化改造和创新，否则只能消亡。传统剪纸艺术转变为海洋剪纸艺术，并得以衍生应用，离不开"本土化的创新理念"这一基因的影响。因此，本文化基因既产生于海洋剪纸艺术，又推动海洋剪纸艺术发展壮大。

（二）凝聚力评价

嵊泗民间剪纸与当地的风俗习惯有密切联系，千百年来，嵊泗海洋剪纸及图形纹样在渔家婚丧寿庆、谢洋开捕、神祀祭拜、年节时令等本土民俗文化中一直扮演着重要角色。海岛的事物以海洋剪纸的形象出现时，能够引发嵊泗人的身份认同和精神团结。同时，在"本土化的创新理念"引领下，嵊泗人立足海岛资源、渔业历史、民俗风情，大力发展旅游业，推动了地方经济的发展，提高了生活水平。可见，这两大文化基因自古至今都能凝聚区域群体力量，促进社会经济、文化的发展。

（三）影响力评价

海洋剪纸艺术是海岛人民群众日常起居不可分割的一部分，因而具有广泛的群众影响力。就规模而言，目前全县剪纸爱好者近4000人，爱好者团队22个。此外，海洋剪纸艺术已经列入第五批舟山市非物质文化遗产名录，先后入围十余项国内外剪纸艺术展重大奖项。海洋剪纸艺术正在走出嵊泗、走向世界。

（四）发展力评价

嵊泗海洋剪纸艺术的图形纹样具有极强的文化价值、商业价值，在嵊泗人日常生产生活中占据一席之地。近年来，嵊泗运用本土化的创新理念，制作各类工艺品、装饰品，设计服装、舞美、展出等，输出至全国各地。

三、核心基因保存

　　"本土化的创新理念""严谨的制作流程""海洋特色图形纹样"作为嵊泗海洋剪纸的核心基因，文字资料保存在金瑛《列岛遗风》、《指尖上的非遗之花》、《琢刻镂空》，实物材料剪纸作品《圣火传递到渔家》《荡起舢板说情话》《渔姑出嫁》等被中国农业博物馆、中国妇女儿童博物馆收藏。

嵊泗列岛鱼类故事

嵊泗渔歌 嵊泗文化基因

嵊泗列岛鱼类故事

嵊泗海洋鱼类故事流传于浙江嵊泗列岛，是嵊泗非物质文化遗产和民间文学瑰宝之一。它是嵊泗渔民的群体性杰出创造，世代相袭，一直传承至今。

嵊泗的海洋鱼类故事内容丰富、特点鲜明，分为鱼类起源故事、鱼类寓言故事、鱼类童话故事、历史名人与鱼的故事、鱼的礼仪与饮食故事、鱼的崇拜和祀祭故事几大类，内容丰富，种类齐全，而且鱼、蟹、螺、贝均有故事。就数量而言，仅嵊泗县鱼类故事收集家兼主要传承人金涛先生在近四十年中就收集了800余个，出版发表了《东海仙子美丽传说》《中国鱼话大观》等鱼类故事著作5本，计50余万字，并有100余篇故事发表在国家级刊物《民间文学》和上海《故事会》等刊物中。在这些作品中，《东海仙子美丽传说》获舟山市文联精品奖，《咬尾巴带鱼》获浙江鲁迅文艺基金奖，《东海鱼类故事》获全国优秀民间文学著作二等奖，由"神鱼"故事改编的大型戏剧《海明珠》获浙江省第二届戏剧节大型剧本二等奖，等等，在省内外及至全国产生了较大影响。尤为可贵的是在 1979 年之前，中国及世界动物故事中，海洋鱼类故事是个空白。嵊泗海洋鱼类故事的收集整理出版，填补了这个空白。

一、要素分解

（一）物质要素

1.悠久的渔猎历史和丰富的渔业资源

嵊泗县是全国十二个重点海岛县之一，由394个岛屿组成，位于长江口和钱塘江口交汇处的东海大洋之中。嵊泗渔民世世代代以海洋捕捞为业，嵊泗鱼类资源之丰富为浙江之最。嵊泗渔民在进行捕鱼、售鱼、食鱼的过程中，集体无意识地创作了众多的海洋鱼类故事，并一直传承至今。

2.作品细分种类多、内容丰富

海洋动物故事是一种以鱼、虾、螺、贝、蟹、龟等海洋动物为创作主角，渔民为创作主体的民间文学。嵊泗的海洋动物故事，内容丰富，特点鲜明，数量众多，影响广泛。作为渔民群体性的杰出文学创造，海洋动物故事诞生并流传于嵊泗列岛，传播辐射至整个舟山群岛和浙江东北部沿海地区，并世代相承，流传至今。故事类型大多为寓言和童话，语言生动活泼，想象丰富，寓意深刻，小故事中有大道理。2009年，海洋动物故事列入第三批浙江省非物质文化遗产名录。

（二）精神要素

积极的人生观。嵊泗海洋动物故事是口头讲述的民间文学，以海洋鱼蟹螺贝为题材，具有海洋性、故事性、文学性、知识性和传承性特征，并且以鱼喻人，反映海岛渔民的积极人生观，在结构上有寓言型、解释型以及寓言兼解释型等类别，并且运用群众语言，生动活泼，朗朗上口，富有生活气息，作品短小精悍，富有哲理。

（三）制度要素

1. 以口耳相传和非遗传承为主要传承方式

嵊泗海洋鱼类故事是口头讲述的民间文学，千百年来口耳相传于民间，其代表性传承人为金德章，他于1941年6月出生在富有海洋民间文化氛围的嵊泗县黄龙岛，外公马有富是个渔老大兼鱼类故事讲述者。父亲是冰鲜商，也善于讲述鱼类故事。金德章自小受到外公和父亲的影响，从小学五年级起就开始收集、讲述鱼类故事。后来，他长期在嵊泗海岛工作，深入渔村收集鱼类故事，参加渔农村故事演讲，并整理成文。同时，他还把鱼类故事与舟山海洋旅游节庆结合起来，赋予其丰富的海洋节庆文化内涵。他还深入中小学，培养小小故事员，使鱼类故事传承发扬。1959年，他在《解放日报》发表处女作，从此一发不可收。数十年间，笔耕不辍，已出版的著作有《海上聊斋》《海龙王传奇》《东亚海神之谜》《舟山海洋龙文化》《宁波帮·定海商人》等20余部，并创作了大型越剧《海明珠》（合作）和《大鹏图》。其中，《东海岛屿文化与民俗》与《舟山海洋龙文化》分别获国家级奖项"山花奖"金奖和铜奖，《东海鱼类故事》（合作）获全国优秀民间文学著作二等奖，《海明珠》和《大鹏图》分别获浙江省第二届、第三届戏剧节大型剧本二等奖和三等奖，另有故事《依罗号与哭号》获鲁迅文艺基金奖，《海上八仙传说》获全国优秀故事一等奖，论文《中日渔民风俗比较》获国际性学术大会优秀论文一等奖。并有多篇学术论文在海内外学术刊物上发表。

2.兼具教育意义与经济价值

海洋鱼类故事是嵊泗民间海洋文学的重要组成部分,一方面,它们传承了渔民"颂扬真善美、鞭挞邪恶丑"的价值取向,因此具有重要的教育意义。另一方面,鱼类故事以海洋鱼类知识为基础,阐述了各类经济水生生物的特性,有利于推介海产品、推动美食旅游,因此又具有重要的经济价值。

(四)语言与象征符号

1.海洋鱼类故事:排生肖

听说陆地上的动物排定了生肖座次,东海大洋里的水族们都躁动起来了。它们一拨又一拨地闯进龙宫,要求龙王也给它们排排生肖座次。眼看水族们闹翻了天,龙王怕事情闹大,只好全权委托龟丞相处理此事。龟丞相高兴得一夜没有睡好,马上贴出告示,宣布择日召开全体水族会议,排定生肖座次。

这一消息很快传遍了东海。水族们奔走相告,欢欣鼓舞,都想在这千载难逢的机会里给自己捞一个好座次。

终于到了排生肖的这一天。大大小小的鱼类倾巢而出,纷纷涌向龙宫。一时间龙宫内外鱼头攒动,乱成一片。力气大的鱼类硬是挤到前面,抢了个好位子,而那些小鱼小虾只能挨在外面看热闹。有的鱼鳞被磨光了,有的尾巴被咬断了,有的嘴唇被撞破了,哭爹喊娘,吵闹不休。最可怜的是玉秃鱼,被那么多水族挤呀挤呀,两只眼睛被挤到一边。

在闹哄哄中,龟丞相宣布了生肖座次:"按照陆地动物子鼠、丑牛、寅虎、卯兔、辰龙、巳蛇、午马、未羊、申猴、酉鸡、戌狗、亥猪的顺序,一个一个倒着来。第十二猪月为拜江猪。第十一狗月为狗鳗。"刚念到这里,沙鳗不高兴了:"同样是鳗,为什么一定是它?"花鱼说:"它是龟丞相的贴身卫士。"龟丞相继续宣布:"第十鸡月为黄婆鸡。第九猴月为弹涂鱼。""轰"的一声乱起来了:弹涂鱼跟猴有啥关系?龟丞相解释:"它绰号泥猴。"鲳鱼反驳说:"这明明是你的吹鼓手嘛!"龟丞相不理,继续读下去:"第八羊月为老头鱼。"很多鱼不服了,就凭老头鱼两根胡须像山羊就被选上了?这也太牵强了。鲨鱼气呼呼地说:"你们晓得啥,它是龟丞相的厨师。"龟丞相耐着性子读下去："第七马月为海马。"这下马鲛鱼跳出来了，大喊："这太不公平了，这马月应该属于我，不能因为是龟丞相的私人医生就排上座位。"马鲛鱼势力强大，一齐喊起来声音特别洪亮，吵得龟丞相头痛。"第六蛇月为海蛇。第五龙月为龙头烤。第四兔月为黑线银鲛。"又一波吵声起来。这龙宫里的花匠咋能选上？龟丞相说："我刚刚给它取名叫'海兔子'。"不服声此起彼伏，久久不息。龟丞相硬着头皮继续读下去："第三虎月为虎头鱼，第二牛月为宽体舌鳎。"鳓鱼大声质疑："为啥是它？"龟丞相说："它还有个别名叫'牛舌'。"鳓鱼喊道："这是你的跟班，不合理！"水族们一齐起哄："咋排来排去都是你身边的人，太气人了。"整个龙宫被吵得地动山摇。龟丞相脸上也挂不住了，扔下布告，逃走了。黄鱼大喊："还有第一鼠月呢？不会是你自己吧。"大家哄堂大笑。龙王知道了这件事，传下话来，刚才宣布的生肖座次作废，从此以后永远不排了。

这下让辛辛苦苦从四面八方赶来的众水族空欢喜一场。没有了生肖座次，整个东海就乱了，众水族谁也不服谁，开始了"大鱼吃小鱼，小鱼吃虾米"的混乱局面。

2. 海洋鱼类故事：跳高比赛

原先，弹涂鱼和海虾一起生活在东海大洋里。有一天，弹涂鱼鼓着大小眼珠，摆弄着尾巴，尖着嗓子说："海虾姑娘，我同侬比赛跳高好伐，看谁跳得高。"

海虾摇摇头说："我个子矮小，不如侬跳得高。"

弹涂鱼骄傲地说："我可以闭着眼睛同侬比赛。"

海虾点点头说："我晓得侬本事大。"

但弹涂鱼非得要和海虾比跳高。拧不过弹涂鱼的纠缠，海虾只好说："那好吧，阿拉比比看。"

于是，海虾和弹涂鱼选好场地，约定时间，请了裁判。一些爱看热闹的水族闻讯赶来，里里外外围了个水泄不通。

比赛开始，弹涂鱼紧闭着双眼，纵身一跳，跃出海面很高，动作熟练，姿态优雅。大家看了都大声喝彩。弹涂鱼听到喝彩声，更是洋洋得意。它一次一次地跳个不停。可高兴过了头，在一次纵身跳跃时失了手，跌到了暗礁上，摔得皮开肉绽，一下子昏了过去。

赛场出了意外，大家都吓坏了，赶紧七手八脚把弹涂鱼抬到珊瑚树下，按穴的按穴，拍打的拍打，黄鱼医生也急急忙忙跑来给它包扎伤口。经过一番抢救，弹涂鱼的性命总算是保住了，可满身留下了斑斑驳驳的伤疤，不但样子难看，弹跳力也大大减弱了。它再也不好意思回到大海里去了。

从此，弹涂鱼只好栖息在浅海滩涂，晒晒太阳，爬爬泥涂，钻钻泥洞，弄得黑不溜秋的。没人的时候偶尔跳几下，算是一种美好的回忆吧。

3. 海洋鱼类故事：沙蟹打洞

东海边上，有块小沙滩。沙滩里住着一只老沙蟹和一只小沙蟹。老沙蟹经常向小沙蟹传授打洞的技术。

老沙蟹说："洞要打得又宽又直，明亮、透气，这样住在里面舒服。"

小沙蟹按照老沙蟹的话去做了，打出来的蟹洞一通到底。

可是有一天，蟹洞让人摸了。幸亏小沙蟹用蟹钳咬痛了那人的手指，才侥幸逃脱。

小沙蟹对老沙蟹说："我们的蟹洞太简单了，直通通的，让人一摸就捉住了。还是想办法改一改吧！"

老沙蟹说："改啥？这是祖传下来的老规矩，沙蟹的蟹洞，一直是这样打的。"

小沙蟹说："太不安全啦！"

老沙蟹不以为然，说："我活了一大把年纪，可没让人摸了去。"

小沙蟹不听老沙蟹的劝告，决定自己钻研打洞的方法。没多久，小沙蟹的蟹洞变了样，洞连洞，洞串洞，洞旁还有洞。老沙蟹的蟹洞还是老样子，又宽又直，一通到底。

后来，老沙蟹的洞被掏了，老沙蟹也被捉走了。而小沙蟹则躲在弯弯曲曲的洞里，躲过了渔民的捕捉。渔民感叹道："老蟹还是小蟹乖，小蟹打洞会转弯。"

4. 海洋鱼类故事：鲸鱼护渔村

金平岛的西北有一个山呇，住着一百多户人家。

有一年，呇口的海面上忽然刮起了狂风暴雨。浪头一浪高过一浪，眼看要冲垮防波堤，冲进村子来。全村的年轻人连忙聚集起来，扛的扛，背的背，拉的拉，用沙包和石块加固防波堤。而一些老渔民和老婆婆面色凝重地站在岸边，祈求菩萨保佑村子。

但海浪来势汹汹，眼看就要冲破堤坝。

在这生死关口，一条很大的鲸鱼迅速游进吞口来，整个身子横在防波堤前阻挡着海浪。像山头一样的海浪，一下又一下冲撞在鲸鱼身上。鲸鱼被冲得摇来晃去，但是一直挡在防波堤前面，直到筋疲力尽。有了鲸鱼的保护，防波堤没有了被冲垮的危险，渔船和村庄都安全地渡过了风暴。

风暴过后，潮水渐渐退去。鲸鱼却耗尽了力气，一动不动地躺在浅海里。于是，全吞的男女老少都赶来，围在鲸鱼身边，都在想办法帮助鲸鱼回到海里去。一位上了年纪的渔民，仔细观察了鲸鱼的尾巴，发现了惊人的秘密。他把这个秘密告诉了大家。

原来，这条鲸鱼是这位渔民几年前救助过的小鲸鱼。当时小鲸鱼尾巴受伤，搁在沙滩上动弹不得，渔民为它治疗后重新放归了大海。长大后的鲸鱼为了报恩，就冒着生命危险，来保护渔村。

全村百姓都很感动，纷纷拿来食物给鲸鱼补充体力，又一起齐心协力把鲸鱼拉到水深处。恢复体力后，鲸鱼好像打招呼一般，向大家摇了摇尾巴，转身游向了深海。

为了感激鲸鱼，也为了记住报恩，大家一致同意把自己住的地方改名为"大鱼吞"。

5. 海洋鱼类故事：鲛鱇偷仙丹

鲛鱇鱼原先住在银河里，浑身上下穿着银光闪闪的盔甲，非常好看。只可惜它有个坏毛病。是什么呢？那就是好吃懒做。整天在银河里游荡，不干一点正事。因为又馋又懒，鲛鱇鱼的日子很不好过，经常是有了上顿没下顿。怎么办呢？它就动起了歪脑筋，干起了东偷西摸的勾当。时间长了，胆子越偷越大，嘴巴也越吃越馋。大家都开始厌恶它。

有一次，它饿了三天三夜，实在饿疯了。它就到处找吃的，东游西逛，几乎游逛了整条银河，可还是找不到一点可以填肚皮的东西。它想来想去，只有壮着胆子到天庭里去偷。

天庭的宫殿守卫非常严密，到处都有天兵天将把守，它费了九牛二虎之力也没能进去。它只好四下乱撞，专找有光亮的地方闯。看到有一间房子透着光亮，它想也没想就一头闯了进去。进去才知道它来到了太上老君炼丹的地方。它一看周围没人，便赶紧翻箱倒笼找吃的。见面前有只热气腾腾的炼丹炉，不由心中一动："听说吃了太上老君的仙丹，就能得道成仙，今天碰巧了，何不吃它几颗！"想到这里，慌慌忙忙地捞出炉中的仙丹，张开嘴巴就吃。

仙丹一落肚，鲛鳙鱼的肚皮立刻就难受起来。原来它吞下去的是半生不熟的仙丹，不但不能长生不老，反而把胃吃坏了。从此以后，老是有黏乎乎的涎水从它的身体里流出来，脏兮兮的，看着都恶心。大家都不愿和它做朋友了。

玉皇大帝得知鲛鳙鱼偷吃了仙丹，勃然大怒，决定要严厉惩处它。于是，把鲛鳙鱼原来那件银光闪闪的盔甲收回，只剩下一层黑漆漆的皮肤，最后还把它赶出银河，贬到大海深处。

渔民们捕上鲛鳙鱼后，见它样子丑陋，像陆地上的癞蛤蟆，就给它取了一个不雅的外号：海蛤巴。

6. 海洋鱼类故事：带鱼求婚

带鱼被东海龙王封为白袍将军后，就整天想着娶一个年轻美貌的将军夫人。

于是，带鱼去找鲥鱼："鲥鱼呀，我是白袍将军，嫁给我吧！"鲥鱼向来瞧不上带鱼，听它这么一说，鼻子里哼了一声，把头一摇，走了。

带鱼又去找黄鱼："黄鱼呀，我是白袍将军，嫁给我吧，让你当将军夫人！"黄鱼听了，看也不看带鱼一眼，"咕"的一声晃着尾巴也走了。

带鱼又去求凤尾鱼、梅童、鲻鱼，一个一个求过去，可是谁也不愿意嫁给它。

快嘴虾潺把这件事当作"特大新闻"到处传播，还时不时加上冷嘲热讽的话："一条无鳞鱼还想娶有鳞的美娇娘，真是癞蛤蟆想吃天鹅肉！"

带鱼知道了，气得直发抖，说："该死的虾潺，竟敢说我坏话！有朝一日撞在我嘴里，要侬好看！"

一天，带鱼看见虾潺和小鳗鱼交头接耳，喊喊喳喳正说得高兴，顿时怒从心头起，"嗖"的一声扑了上去。虾潺见势不妙，慌忙一甩头，躲过这一扑。带鱼没咬到虾潺就拿小鳗鱼出气，带鱼一下咬住了小鳗鱼。虾潺一机灵，钻到带鱼肚下，猛地咬了一口，痛得带鱼乱窜乱跳，松开嘴巴。这一口救得小鳗鱼一条性命。

带鱼没娶上美丽的将军夫人，反留下被人取笑的话柄。它恨死虾潺了。

从此一遇上虾潺，就怒火满腔地扑过去，大口大口地吞食。虾潺逃到哪里，它就追到哪里。

这事让一个聪明的渔夫知道了。渔夫就使用虾潺做饵料，诱带鱼上钩。带鱼不知是计，往往将虾潺和鱼钩一起吞进嘴里，它就成了渔夫的盘中餐。

7. 海洋鱼类故事：海蜇行走虾当眼

一对大白虾在珊瑚礁上举行婚礼，虾族太公率领竹节虾、红丝头、硬壳虾等前来祝贺。同时，赶来贺亲的还有淡菜仙子、海蜇娘子和黄螺姑娘，婚礼的气氛十分热烈。

正当大家兴高采烈之际，突然珊瑚礁畔浪花翻滚，一只外洋大王乌贼闯进来抢亲了。

虾族太公见此情景，忙叫虾族摆成阴阳八卦阵，将大王乌贼团团围困。谁知这大王乌贼十分骁勇，伸出碗口粗的长须迎了上来。那长须又硬又毒，遇者非死即伤。不一会儿，竹节虾跌弯了腰，成了驼背，红丝头撞破了头，血流满面，硬壳虾敲裂了背，裸肉露骨。就是武艺高强的虾族太公，嘴下的胡须也少了一大把。

眼看新娘子要被乌贼抢去，海蜇娘子挺身而出，一头向乌贼撞去。

别看海蜇全身软绵绵的，但它有三件法宝：一是吸盘利牙，二是明目一双，三是腹腔海蜇水。尤其是红艳艳的海蜇水，能使鱼儿疼痛发麻。

海蜇把这三件法宝一齐用上，杀得乌贼只有招架之功，没有还手之力。双方苦斗一个时辰，乌贼渐渐感到力不从心了。乌贼知道，这样下去必将命丧珊瑚礁。于是，使出最后一个毒计，趁海蜇不备猛地射出一股毒墨汁，喷向海蜇。海蜇"呀"的一声，顿感双目刺痛难受，眼前漆黑一片，分不清东南西北。从此海蜇失去了明亮的眼睛。

海蜇忍受着强烈的疼痛，依然咬住乌贼鱼的头须不放。不一会儿，乌贼鱼的头须终于被咬下来了，但海蜇的硬牙也全部脱落，只剩下一些软软的吸盘，腹腔里全是殷红的血水。乌贼鱼却趁机逃跑了。

灾难过去，大白虾双双进入洞房。此时，虾族太公传下话来："海蜇是为了大白虾而失去双目的。日后大白虾的子孙后代都要为海蜇娘子放哨引航，充当它的眼睛。"

这才有了"海蜇行走虾当眼"的嵊泗谚语流传于世。

8. 海洋鱼类故事：狗鳗娶亲

岱衢洋里的土皇帝狗鳗，娶了三妻四妾还不自足，还想娶个年轻漂亮的小老婆寻欢作乐。狗鳗找到鲻鳎，非要让它做媒人。鲻鳎慑于狗鳗的威势，只好无奈地答应了。可众水族一听是给狗鳗当小老婆，看见鲻鳎全都躲得远远的。

鲻鳎急得团团打转，突然想到，浪岗山还有个老姑娘梅童。于是便去找梅童。梅童不同意，一个劲地摇头，结果头越摇越大，成了"大头梅童"。鲻鳎见软的不行，只好来硬的，威胁说："侬不要敬酒不吃吃罚酒，惹怒了狗鳗，没侬的好下场。"这话把梅童吓得发抖，只好勉强同意了。

狗鳗日盼夜盼，终于盼来了迎亲的那一天。花轿从浪岗山抬到了岱衢洋。花轿还没停稳，狗鳗就迫不及待一把扯下轿帘，揭起新娘子的红盖头，一看，顿时傻了眼。原来新娘子梅童长得上身大、下身小，面黄肌瘦，无精打采，而且还是个相貌平平的老姑娘，这和狗鳗的想象相差了十万八千里。

狗鳗立刻火冒三丈，张开獠牙大嘴，想把梅童活活吞下去。鲻鳎连忙上前劝说，被狗鳗"咣当"一记耳光，打得两只眼睛歪到了一边。

岱衢洋里的众水族都不服了，一拥而上要打抱不平。白蟹吐水打头阵，带鱼团团来围困，老虾刺一枪，乌贼踢一脚，鲥鱼砍一刀，海蜇打一拳，直把胖胖的狗鳗打得鼻青脸肿抱头讨饶。一不做，二不休，众水族一齐努力，把狗鳗赶出了岱衢洋。狗鳗只好逃到大戢洋里，孤零零地去打沙洞，寻找安身之处。从此，岱衢洋就成了鱼虾的乐园，到处是欢乐的笑声。

二、核心基因提取与评价

基于对材料的全面、深入分析，本文化元素的核心基因可表述为"作品细分种类多、内容丰富""兼具教育意义与经济价值""以口耳相传和非遗传承为主要传承方式"。

嵊泗列岛鱼类故事核心文化基因评价依据

评价项目	评价因子	评价依据（特点）	是否
生命力评价	文化基因存续的时间	自出现起延续至今，未曾明显中断	√
		自出现起延续至今，但多次衰微、中断后复兴	
		曾明显衰败，改革开放后开始复兴或历史溯源关键环节缺失，难以考证	
		文化形态主体已灭失，现存部分痕迹	
	文化基因的稳定性	在发展过程中保持相当稳定的状态	√
		在发展过程中存在明显的精神内涵、表现形式剧变	
凝聚力评价	文化基因的凝聚力及社会动员效果	曾广泛凝聚起区域群体的力量，显著推动过社会经济文化的发展	
		曾部分凝聚起区域群体力量，对社会经济文化的发展产生过影响	√
		凝聚过力量，创造过实际的发展动能，但未见对社会经济文化发展产生显著改变	
		仅在历史文献或口耳相传中存在，未见实际介入社会经济发展	

评价项目	评价因子	评价依据（特点）	是否
影响力评价	辐射的范围	具有全国性、世界性的影响力	
		具有长三角区域、浙江省影响力	
		具有市县、乡镇影响力	√
	提炼的高度	已经被古代文人士大夫和当代学者提炼为精神符号和理念理论	√
		单纯的样式、造型、工艺技术规范	
发展力评价	与当代精神追求和价值观念的契合	传统文化基因得到创造性转化、创新性发展；区域革命文化基因被完整继承、广泛弘扬；区域社会主义先进文化基因成为与浙江"三个地"相适应的文化高地	√
		部分转化、部分弘扬、部分发展	
		难以转化、难以弘扬、难以发展	

说明：基因特点评价是对解码出来的基因，根据本《导则》表2的要求，围绕"四个力"逐一对表打"√"，进行定性表述

（一）生命力评价

嵊泗列岛鱼类故事是渔民的群体性杰出创作，通过世代沿袭，一直传承至今。创作的民间自发性赋予了它强大的生命力，保持了稳定的文化基因形态。嵊泗列岛鱼类故事通过一个个语言诙谐、情节生动、短小精悍的故事，让民众了解到嵊泗县省级非遗项目"海洋动物故事"，体会到瑰丽多彩的嵊泗民俗文化。

（二）凝聚力评价

嵊泗列岛鱼类故事以其丰富的内容和深刻的教育意义产生强大的社会凝聚力。鱼类故事以鱼喻人，反映了渔民积极的人

生观和价值观，因此是良好的教育载体。同时，鱼类故事以富有生活气息的语言展示了当地海洋生物特征，有利于推广旅游和餐饮产业。总而言之，这两大文化基因能够广泛凝聚起区域群体的力量、推动社会经济文化的发展。

（三）影响力评价

嵊泗列岛鱼类故事具有市县、乡镇的影响力，已经被古代文人士大夫和当代学者提炼为精神符号和理念理论。早在明清年间，嵊泗就有鱼类故事流传在民间，沿袭传承至今。在普及鱼类知识、传播文化与价值观领域，它起到了巨大作用，影响了一代又一代的嵊泗人。

（四）发展力评价

嵊泗海洋鱼类故事，诞生流传在浙江嵊泗列岛，传播区域为整个舟山和浙江沿海岛屿，是嵊泗非物质文化遗产和海洋文化中的民间文学瑰宝之一，为嵊泗渔民的群体性的杰出创造，世代相袭，一直传承至今。它以刊物、戏剧等形式出现在民众面前，在省内乃至全国广受阅读者的喜爱，而且与当代精神追求和价值观念契合，能够较好地转化、弘扬、发展。

三、核心基因保存

　　"作品细分种类多、内容丰富""兼具教育意义与经济价值""以口耳相传和非遗传承为主要传承方式"作为嵊泗列岛鱼类故事的核心基因，现存于《中国鱼话大观》《中国螃蟹故事》《东海鱼类故事》《东海仙子美丽传说》等著作，这些著作保存在嵊泗图书馆、档案馆、学校等部门。

嵊泗列岛渔业民俗

嵊泗渔歌 嵊泗文化基因

嵊泗列岛渔业民俗

　　民俗是指一个民族或社会群体在长期生产实践和社会生活中逐渐形成并世代相传、较为稳定的文化事项。嵊泗的先民多来自江浙闽地区，他们继承内陆的民俗并根据海洋、海岛的生产实践、生活方式进行调整、创新，形成了兼具内陆和海洋特色的民俗，包含消费习俗、人生礼俗、节庆礼俗等。

　　在消费习俗(衣食住行等)上，嵊泗具有"上承吴越古风，下创列岛特色"的习俗特征。在服装上，岛上渔民的穿着以"左衽大襟"为特色，并创造了"龙裤"等适用于船上作业的服饰。在饮食上，嵊泗与内陆基本相似，唯独海鲜饮食五花八门、花样繁多，形成了独特的海鲜饮食习俗。在居住上，嵊泗渔家住房吸收了吴越地区的建筑风格，并根据外海山岛的地理环境进行创新，还传承了"起屋""上梁""竖屋酒"等习俗。在交通习俗上，受制于海洋环境，嵊泗以船为主要交通工具。

在人生礼俗方面，嵊泗基本沿袭内陆，并根据海岛环境进行调整创新。在嵊泗，订婚、娶亲、拜堂、坐月子、满月宴、老人做寿、为逝者做七等是浙东沿海和内陆地区常见的习俗，而"避鱼"、代郎、"公鸡拜堂"、66岁吃肉、海上招魂等习俗是受当地环境影响而形成的。

节庆礼俗亦是如此，嵊泗的春节、元宵、清明、立夏、端午、七夕、重阳等节日与内陆基本一致，体现了内陆文明的传承。嵊泗又有体现海洋文化特色的节日，比如"六月六浆洗"节，是日，家长带孩子入海游泳、沐浴祈福，培养孩子的游泳技能，寄托对孩子的美好祝愿。

一、要素分解

（一）物质要素

特定的渔岛环境。嵊泗县，位于杭州湾以东，长江口东南，隶属于浙江省舟山市，是浙江省最东部、舟山群岛最北部的海岛县。在渔岛的鱼鲜食俗乃至日常饮食环境习俗中，存在许多与众不同、富有东海渔岛特色的殊风异俗。这些殊风异俗，不仅世代相传，而且约束甚严，无论是岛上、船上渔家自身，还是外来之客，都必须严格遵守。

（二）精神要素

勤劳朴实、坚定乐观的精神。嵊泗渔民以勤劳著称。他们在海上从事捕鱼、养殖等渔业工作，需要付出大量的努力和汗水。这种勤劳的工作态度反映了他们对生计的坚守和对家庭的责任心。面对海上的不确定性和艰苦的工作条件，嵊泗渔民表现出坚定的意志和乐观的心态。无论是面对自然风险还是生活中的挑战，他们都展现出积极向上的一面，信心和勇气有助于他们克服困难。嵊泗渔民对海洋充满热爱，他们的生活离不开海，同时也深知保护海洋环境的重要性。这种对自然的敬畏和热爱有助于他们更好地与自然和谐相处。嵊泗渔民勤劳朴实、坚定乐观的精神体现在他们在艰苦的海岛生活中所展现的坚韧与乐观，在千百年的实践锤炼中，嵊泗人磨砺出坚定乐观的心态。这是海洋环境造就的民族性格。

人性格的根本因素。随着时代的进步，交通工具从独木舟逐渐向大型船舶演变。明代以前，在用船方式上嵊泗始

（三）制度要素

1. 兼具内陆与海岛特色的人生礼俗

嵊泗人的生产、生活习俗源自内陆，在传承中逐步融入海岛特色。例如，嵊泗地区婚丧、妊娠、育儿习俗与内陆基本相同，但部分习俗在海岛环境影响下演变为当地特有的民俗现象，比如"避鱼""公鸡陪房""小姑拜堂""六十做寿""拾元宝""招魂"等。

2. 交通出行习俗与船紧密相关

嵊泗渔岛的交通习俗，与海洋、渔船紧密相连。海洋环境和交通工具舟船是形成渔岛交通习俗、塑造海岛

终保持渔航合一，即没有专门用于交通的客航船，渔民出入海岛要么自行载送，要么搭乘。明代以后，出现了鱼行船、冰鲜船往来海岛与大陆之间，又多了提供便利对外交通的便船。近现代，当地出现专门的客航渡轮。

3. 独具海岛特色的居住习俗

最初，原始渔民居住简陋、狭小的滚地龙式小茅屋。渔家人在屋旁挖有地灶，在小茅屋内席地而坐进餐，席地而卧就寝。自明、清至20世纪50年代初，居室演变为高大宽敞的茅顶泥墙（或石壁）房屋，但仍然是就

地取材、因陋就简的。50年代以后，渔家住宅逐步转变为瓦顶石墙屋。在建房选址时，渔家多选择能泊驻渔船的岛屿口岸，房屋朝向必要朝南或东南，但忌正南或正北（按海岛风俗，只有官庙大殿才能朝正南）。建宅、入住时，渔家有起屋、唱"打夯歌"、起屋上梁、竖屋酒、新宅祭门等传统习俗。

（四）语言和象征符号

继承吴越古风、兼具海岛特色的着装风格。20世纪50年代以前，岛上渔民冬季穿的多为粗布大襟衫，开左衽，初春、秋末穿单衣，夏季多穿对襟无袖无领衫，襟上生布质钮襻，裤子则为裤腿肥大的龙裤，腰系布质"撩带"。这种服饰展示出春秋战国时期吴越先人服饰遗风，同时根据海洋生产特点和生活需要作了不少改造。明清两代及民国早期，渔民在船上的服饰穿着还有等级分别。

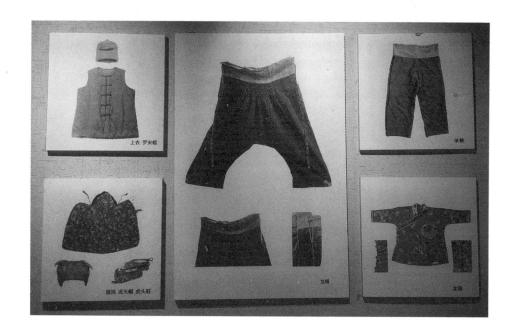

二、核心基因提取与评价

基于对材料的全面、深入分析，本文化元素的核心基因可表述为"兼具内陆与海岛特色的人生礼俗""交通出行习俗与船紧密相关""继承吴越古风、兼具海岛特色的着装习俗"。

嵊泗列岛渔业民俗核心文化基因评价依据

评价项目	评价因子	评价依据（特点）	是否
生命力评价	文化基因存续的时间	自出现起延续至今，未曾明显中断	√
		自出现起延续至今，但多次衰微、中断后复兴	
		曾明显衰败，改革开放后开始复兴或历史溯源关键环节缺失，难以考证	
		文化形态主体已灭失，现存部分痕迹	
	文化基因的稳定性	在发展过程中保持相当稳定的状态	√
		在发展过程中存在明显的精神内涵、表现形式剧变	
凝聚力评价	文化基因的凝聚力及社会动员效果	曾广泛凝聚起区域群体的力量，显著推动过社会经济文化的发展	√
		曾部分凝聚起区域群体力量，对社会经济文化的发展产生过影响	
		凝聚过力量，创造过实际的发展动能，但未见对社会经济文化发展产生显著改变	
		仅在历史文献或口耳相传中存在，未见实际介入社会经济发展	

评价项目	评价因子	评价依据（特点）	是否
影响力评价	辐射的范围	具有全国性、世界性的影响力	
		具有长三角区域、浙江省影响力	
		具有市县、乡镇影响力	√
	提炼的高度	已经被古代文人士大夫和当代学者提炼为精神符号和理念理论	√
		单纯的样式、造型、工艺技术规范	
发展力评价	与当代精神追求和价值观念的契合	传统文化基因得到创造性转化、创新性发展；区域革命文化基因被完整继承、广泛弘扬；区域社会主义先进文化基因成为与浙江"三个地"相适应的文化高地	√
		部分转化、部分弘扬、部分发展	
		难以转化、难以弘扬、难以发展	
说明：基因特点评价是对解码出来的基因，根据本《导则》表2的要求，围绕"四个力"逐一对表打"√"，进行定性表述			

（一）生命力评价

嵊泗列岛的渔业民俗通过口头传统和实践行为代代相传。家庭、社区和渔村之间传承的活动包括渔具的制作、渔歌舞蹈、渔民节庆等。这种文化传承有助于保护和传承当地独特的渔业文化。渔业民俗在漫长的历史中逐渐形成，并逐步适应和融入当地人们的生活。然而，这些传统并非僵化不变的，而是能够灵活应对社会和经济变化的。嵊泗渔民通过调整传统渔业方法、航海技术等，使得这些传统在现代社会中依然具有实际应用价值。因此拥有较强的生命力。

（二）凝聚力评价

嵊泗渔民们通过参与共同的传统活动和庆典，建立了共同体意识。这种意识有助于形成紧密的社会网络，使成员之间更加关心和支持彼此。传统的合作捕鱼活动是渔业民俗中的一部分，这种形式的捕鱼需要渔民之间密切协作。通过共同投入劳动和资源，渔民们建立了深厚的合作关系，这有助于加强人们内部的凝聚力。渔业民俗涉及许多传统技艺，如渔具制作、航海技能等。这些技艺通常由老一辈传承给年轻一代，通过这种传承方式，形成了跨代的联系。年轻一代通过学习和参与这些传统技艺，不仅传承了文化，也加强了人与人之间的联系。具有较强的凝聚力。

（三）影响力评价

渔业民俗是嵊泗列岛独特文化的一部分，通过代代相传，这些传统活动、仪式和习俗已经深深植根于当地居民的生活中。这种文化传承不仅增强了居民对自身文化的认同感，也吸引了外界的关注，从而产生了文化影响。嵊泗列岛的渔业民俗作为独特的文化资源，对当地旅游业具有积极的推动作用。游客来到嵊泗，往往希望亲身体验和了解当地的传统文化。因此，渔业民俗成为吸引游客的亮点，促使更多人关注、了解并参与当地的传统渔业文化。具有较强的凝聚力。

（四）发展力评价

嵊泗列岛渔业民俗成为吸引游客的独特文化资源，推动了当地旅游业的发展。对于游客而言，参与或观赏当地的渔业民俗活动成为一种独特的体验，从而带动了旅游业的兴盛。这也为当地居民提供了发展旅游服务、手工艺品销售等方面的机会。部分渔业民俗强调对海洋环境的尊重和保护，有助于提升渔民的环保意识。这种环保意识的提升有助于推动当地渔业向可持续方向发展，为未来提供更稳健的发展基础。嵊泗列岛渔业民俗有助于推动当地经济、文化和社会的可持续发展，同时也为嵊泗创造了更多的机遇和活力。

三、核心基因保存

    "兼具内陆与海岛特色的人生礼俗""交通出行习俗与船紧密相关""继承吴越古风、兼具海岛特色的着装习俗"作为嵊泗列岛渔业民俗的核心基因,文字资料保存在《列岛遗风》,实物材料保存在嵊泗县文化馆。

渔用绳索结

嵊泗渔歌　嵊泗文化基因

渔用绳索结

　　渔用绳索结是海岛人民在长期的生产劳动和日常生活中不断发明、不断创造的一项手工技艺，广泛地流传于海岛民间，遍及海岛各地。渔用绳索结因渔民作业的实际需要不断完善，数量最多时达上百种之多。至今尚在应用和能挖掘的还有 70 多种。

　　渔用绳索结分为渔船生产绳结、渔网绳结和综合绳结三类。渔船生产绳结用于渔船内外生产劳动，有渔船结、船橹结、兜绳结、船缆结、货运结等之分。渔网绳结用于编织、组装渔网，补网等。综合绳结是多种用途，比如岛上、船上生活中应用的绳结。

渔用绳索结最大的特点是易打易解，无论在多大牵引力下都不会形成死结，从而提高了绳索的使用周期。渔用绳索结除易打易解外，还讲究外形美观，如兜绳结、双撩板结等，是一件观赏性很强的工艺品。至于生活用结则更是注重外表的造型，以被甩结为例，它除了拍打晾晒的衣物、除去灰尘以外，更多的时间是挂在墙上或家具表面用作美化家庭的装饰品，深受海岛群众喜爱。

渔用绳索结是海岛人民集体智慧的结晶，它的制作不仅是一项海岛特有的手工技能，而且也是一种艺术、一种文化，是嵊泗的宝贵财富。

一、要素分解

（一）物质要素

1. 制作材料多样

渔用绳索结使用的材料有棉纱绳、麻绳、钢丝绳、塑料绳、腈纶绳、尼龙绳、稻草绳等，其中棉纱绳和麻绳已逐步被塑料绳、腈纶绳和尼龙绳所代替，稻草绳（俗称草绳）主要用于编织张网作业的网。编织渔网打结用梭和网板作器具，其他绳结都用双手操作。一些较粗的绳索一般要用三股以上的绳并在一起。并绳是在一种叫"调杠"的器具上进行的。用一块有平排三个洞的木板，木板上各插着带着钩子的摇棍。根据所需绳索的长短，把三股绳的一头分别套在三个摇棍的钩子上。另一头把三股绳并在一起，套在一个带钩的摇棍上。两边的摇棍同时向一个方向摇，再用一个木制的夹头由一个摇棍的绳头向有三个摇棍的方向缓缓走去，就这样夹头前面的三股绳就调成了后面的粗绳索。

2. 独特的海洋生产生活环境

在海上航行、捕捞、日常起居都需要渔绳结发挥作用，比如修补渔网、固定船只、绑扎渔船上的不稳定物件等。因此，海洋海岛环境是渔绳结产生的主要原因。渔用绳索结产生的背景是海上生产艰苦、自然条件恶劣、渔民生产群体性及自救求平安。随着海岛人口的增多，对外往来越来越密切，生产作业扩大，渔用绳索结不仅成为渔民生产、生活的重要内容，也成为海岛居民娱乐、美化生活的一种形式和内容。渔用绳索结因此伴随着渔民生产、生活世代相传和发展。

（二）精神要素

1. 丰富的想象和创新的思维

渔用绳索结分为渔船生产绳结、渔网绳结和综合绳结三类。渔船生产绳结用于渔船内外生产劳动，有渔船结、船橹结、兜绳结、船缆结、货运结等，其与渔民的生产生活密不可分，是渔民长年在海上恶劣自然环境下艰苦劳动的工具，也是渔民丰富想象和创新思维的产物，具有很大的实用价值和审美价值，并与海岛经济、文化和社会发展有着密不可分的联系。

2. 精益求精、不断创新的工匠精神

渔用绳索结简称"渔绳结"，是渔民在长期渔船作业、网具制作及日常生活中广泛运用的绳结。渔绳结编织技艺产生于海岛的特殊环境和劳动生产条件下，以口述心传的方式流传于海岛各地，并在流传过程中不断创新。不同海岛地域渔民的海洋作业和生活方式的差异使渔绳结种类逐步丰富完善，最多时达上百种。然而，现在由于渔业生产和海岛居民生活的方式改变，以及渔用工具、材料的发展变化，许多类型的绳结因长期不用而失传或濒临失传，现流传的和能挖掘的还有70多种。

（三）制度要素

1. 兼顾实用性和艺术性

渔绳结的实用性体现在它能帮助渔民进行捕捞、航行、搬运、织网补网。绳结图案样式美观精致、富有海洋特色，点缀了渔民在海上艰辛、枯燥的生活，也因此具有艺术性价值。

2. 以活节为打制规范

渔绳结以实用的活节打制技艺为主，易解且牢固，即使在强大的牵行

下也不会形成死结，从而大大延长了绳索的使用寿命。独结打法：左手一头绳固定，右手一头绳向左甩压在左手绳上面，再绕过下面向上穿出拉紧。扁结打法：两绳交叉，右方绳在左方绳上方，下方绳绕上方绳从上穿下。双穿头扁结：右手绳沿着左手绳以反时钟方向绕两转，再从中间穿过。

3.口耳相传和非遗传承为其主要传承方式

渔绳结在以前主要靠祖祖辈辈口耳相传，现在在口耳相传的基础上有了非遗传承，渔绳结的非遗传承人为刘有九。刘有九，嵊泗县黄龙乡南港村人，出生于1934年7月，第一批浙江省非物质文化遗产项目（渔用绳索结编织技艺）代表性传承人。他14岁进入生产队工作，吃苦耐劳，勤恳好学，在日常的渔业生产中，善于模仿学习渔用绳索结编织。不但练就了船上常用的一整套渔用绳索结编织方法，而且根据实践应用不同，翻新花样，不断创新，成为当地打绳结能手，能编结70多种渔绳结。各类绳结广泛应用于渔业生产、工业生产和日常生活等各个领域，也被后人所学。

（四）语言和象征符号

1.具有广泛的普遍性、实用性和丰富的观赏性

渔用绳索结是在海洋渔业生产和抗击海洋自然灾害基础上产生的一种渔民生产基本技能和手工技艺，是渔民思维、想象、审美与物质观念的产物，

它的种类、应用、传播、文化内涵等都是适应渔业生产和海洋特点而产生的。与其他绳结比较，更具有浓郁的海洋特征和海岛特色，具有广泛的普遍性、实用性和丰富的观赏性。

普遍性。岛民，特别是所有从事海上劳作的渔民一般都会用绳结。

实用性。绳结在岛民的生产、生活中处处应用。

观赏性。渔用绳索结看似普通、粗犷，却透射出它质朴的美感，丰富岛民的精神文化生活。

2. **独特、美观的绳索结图案**

金钱结、五星碰靶结、蜻蜓结等图案具有中心对称、左右对称的细腻美感，与绳索的粗糙相互映衬，加之绳索互相缠绕所形成的美妙纹理，共同形成了独特的绳索结图案。

二、核心基因提取与评价

基于对材料的全面、深入分析，本文化元素的核心基因可表述为"精益求精、不断创新的工匠精神""独特、美观的绳索结图案""兼顾实用性和艺术性"。

渔用绳索结核心文化基因评价依据

评价项目	评价因子	评价依据（特点）	是否
生命力评价	文化基因存续的时间	自出现起延续至今，未曾明显中断	
		自出现起延续至今，但多次衰微、中断后复兴	√
		曾明显衰败，改革开放后开始复兴或历史溯源关键环节缺失，难以考证	
		文化形态主体已灭失，现存部分痕迹	
	文化基因的稳定性	在发展过程中保持相当稳定的状态	√
		在发展过程中存在明显的精神内涵、表现形式剧变	
凝聚力评价	文化基因的凝聚力及社会动员效果	曾广泛凝聚起区域群体的力量，显著推动过社会经济文化的发展	
		曾部分凝聚起区域群体力量，对社会经济文化的发展产生过影响	√
		凝聚过力量，创造过实际的发展动能，但未见对社会经济文化发展产生显著改变	
		仅在历史文献或口耳相传中存在，未见实际介入社会经济发展	

续表

评价项目	评价因子	评价依据（特点）	是否
影响力评价	辐射的范围	具有全国性、世界性的影响力	
		具有长三角区域、浙江省影响力	
		具有市县、乡镇影响力	√
	提炼的高度	已经被古代文人士大夫和当代学者提炼为精神符号和理念理论	
		单纯的样式、造型、工艺技术规范	√
发展力评价	与当代精神追求和价值观念的契合	传统文化基因得到创造性转化、创新性发展；区域革命文化基因被完整继承、广泛弘扬；区域社会主义先进文化基因成为与浙江"三个地"相适应的文化高地	
		部分转化、部分弘扬、部分发展	√
		难以转化、难以弘扬、难以发展	

说明：基因特点评价是对解码出来的基因，根据本《导则》表2的要求，围绕"四个力"逐一对表打"√"，进行定性表述

（一）生命力评价

首先，渔用绳索结具有使用价值，在渔船、码头、网场、晒场等渔民劳动场所，到处都堆有不同粗细、不同长短的绳索。这些绳索是渔民捕捞养殖、出海回港、搬运鱼货、织网补网、抗击灾害、救生自救等生产和生存活动中的重要物件，而维系这一切的正是各种各样的绳结。同时，绳结在岛民日常生活中也是必不可少的。小到米油酱醋、坛坛罐罐，大到婚丧迁居、抗风挡雨，可说是无处不在，无时不有。

其次，渔用绳索结具有审美价值，绳结以它多姿的形态，透射出一种质朴的美感，长年来生活在远离大陆、物资贫乏、文化枯燥的海岛上的岛民以他们特有的审美观，用绳结来装扮自己的生活。用彩色的绳结作为服饰、挂饰，布置新房、

庙堂等。

再者，渔用绳索结具有教育价值，它是海岛先民在大海中长年劳动实践中创造的产物，是勤劳和智慧的结晶，是经世代相承留给后世的一份宝贵的财富，是海洋文化的一个重要内容。以渔用绳索结作为内容，向青少年进行爱海、爱岛、爱家的教育，继承和发扬海岛民间优秀传统文化，使古老的海岛民间优秀传统文化通过对青少年的教育发扬光大。

所以，渔用绳索结具有较强的生命力。

维、想象、审美与物质观念的产物，它的种类、应用、传播、文化内涵等都是适应渔业生产和海洋特点而产生的。在此过程中必然具有较强的凝聚力。

（三）影响力评价

嵊泗渔用绳索结是一种传统的渔业技艺，代代相传。这些绳索结的制作和运用方式融入了渔民的智慧和经验，通过口传心授的方式传承下来。这种传统技艺的传承不仅有助于保护当地独特的渔业文化，也弘扬了渔民的职业技能。渔用绳索结往往反映了

（二）凝聚力评价

渔用绳索结是在海洋渔业生产和抗击海洋自然灾害基础上产生的一种渔民生产基本技能和手工技艺，是渔民思

渔民对海洋的感悟和认知。结扎的方式可以包含一些象征性的元素，如海浪、鱼群等，将海洋文化融入日常的渔具制作中。这些绳索结不仅是实用

工具，更是海洋文化的象征，传达了对海洋的敬畏和依赖。渔用绳索结在设计和制作上常常具有艺术性和装饰性。渔民通过巧妙的结扎方式，创造出美观而实用的渔具。这种独特的艺术性使得这些绳索结不仅在实际渔业活动中发挥作用，同时也成为一件具有装饰性的手工艺品，具有较强的影响力。

（四）发展力评价

渔用绳索结并非僵化不变的传统技艺，而是在传承的基础上进行创新。渔民们通过不断尝试新的结扎方式、设计风格，使得这一传统技艺在保持传统特色的同时，也能够吸引更广泛的受众，展现出一定的时尚和创意。渔用绳索结常常具有独特的艺术性，成品可以作为装饰品或手工艺品。这种转变使得渔用绳索结具备了更广泛的市场潜力，可以参与到文化创意产业中，为当地经济带来一定的收入。渔用绳索结具有独特的地方特色，通过文化交流活动传递当地文化，使其在更广泛的范围内产生影响。目前嵊泗地区已有渔绳结衍生产品，如抱枕、坐垫等，这些产品充分挖掘渔绳结图案美学，质量坚实耐用，体现了良好的实用性和较好的审美价值。

三、核心基因保存

　　"精益求精、不断创新的工匠精神""独特、美观的绳索结图案""兼顾实用性和艺术性"作为渔用绳索结的核心基因，文字资料保存在《列岛遗风》《刘有九：我打了一辈子渔绳结》《渔用绳索结：用渔绳装点海岛生活》《长长的渔绳结，绵绵的渔家事》《渔绳结，当以美丽来传承》《绳结手记》中，实物材料在嵊泗各文化场馆、景区内均有保存。

"浙江文化基因丛书"后记

浙江濒海多山，古为百越之地，地少民贫。先民断发文身，披荆斩棘，筚路蓝缕，艰苦创业，卧薪尝胆，徐图自强，始稍为中原所识。山海情怀，越地长歌，独特的地理人文环境孕育出浙江艰苦奋斗、励精图治、百折不挠、勇攀高峰的地域文化性格和兼容并包、发展创新的人文精神。因以鸟虫篆、《越人歌》为表征的楚越文化交融和徐偃王流亡越地、勾践北上争霸等历史事件的发生，越地逐渐融入中原文明。及至东晋衣冠南渡，中原贤良缙绅避乱会稽，兰亭雅集、永嘉诗会，王谢风流所及，中原文化和越文化相互碰撞融合，这片神奇的土地在吸收大量中原先进文化基础上，生发出更多独具特色、丰富璀璨的文化颗粒，散点分布于浙江的山山水水之间。

隋唐以降，一条大运河通到钱塘，凡所流经之县域，皆成人文渊薮。浙东唐诗之路，如明珠嵌壁；越窑青瓷，千峰翠色风靡长安。浙江依托这条水上"高速公路"迅速崛起，在经济高效快速地融于全国的同时，也向全国展现了别样精彩的浙江文化，对中原产生巨大影响。唐末五代中原战乱之际，吴越国钱王保境安民，举世惶惶而越地独安，浙江又一次成为全国士子避祸传学之地，浙江的原生文化和中原文化水乳交融，极大地提高了浙江的人文学术水平。及至南宋定都临安（今浙江杭州），孔裔迁衢，杭州乃至浙江逐渐成为中华文化传承发展中心、全国的文化学术高地。有元一代，人文日渐凋敝，而浙江独领风骚。湖州赵孟頫成为有元一代赓续中华文脉之砥柱。赫赫有名的"元四家"，黄公望（常熟人，曾隐居富春）、王蒙（湖州人，曾隐居临平）、吴镇（嘉兴人，曾卖卜钱塘）、倪瓒（无锡人，曾浪迹太湖）在学习传承赵孟頫的文化艺术精髓基础上，各显其能，自成面目，为传承发展中华文化艺术作出了卓越贡献。明清以来，浙江士林，更为全国翘楚，文化勃兴，领袖群伦。浙江文脉渊深，有容乃大，继承发展，才俊迭起。事功之学、阳明心学、浙东学派、南戏越剧、《古文观止》、丝瓷茶剑、西泠印社、兰亭雅集等，更是中华文化中耀眼的明珠。浙东音声，渐如潮涌；黄钟大吕，照灼云霞。

晚清时期，中华危亡。辛亥鼎革，浙江文化所孕育的优秀儿女更是为中华千古未有之变局作出了重要贡献，秋瑾、徐锡麟、蔡元培、章太炎、鲁迅等，允文允武，可歌可泣，数不胜数。为全面赶上世界发展，全省各地掀起了重视文教事业、培养人才、发展经济的高潮。各类藏书楼、图书馆、新式院校纷纷创设，浙江人又一次发扬卧薪尝胆、奋力赶超的浙江精神，使浙江成为当时全国省域文化发达、人才众多的省份。

新中国成立后，浙江人励精图治，无论干部还是群众，都本着务实精神，立足现状，踔厉前行。即便在"文革"时期，浙江的经济、文化发展水平都显著好于其他兄弟省市，这和浙江人文内核的务实精神和文化基因的原生动力息息相关。改革开放以来，浙江更是勇做弄潮儿，充分发挥"四千精神"，培养人才，发展经济，以全国陆域较少、自然资源缺乏的省份，一举成为名列前茅的文化大省、经济强省。

历数千年，浙江以落后的山林草野原生文化，不断与吴楚和中原文化交融互鉴，融合创新，发展壮大，绝非历史偶然。浙江以其独特的文化基因和历史面貌正引起国内外专家学者的广泛兴趣，以期通过对浙江文化的研究来更好地理解中华文明，为中华文明的伟大复兴寻径探源，通过解析全省多点、散点分布的各类文化颗粒和文化价值观、文化形态、文化载体，系统研究、条分缕析在地文化基因和独特的文化原动力。构建中国文化基因理念体系，挖掘文化遗产背后蕴含的哲学思想、人文精神、价值观念、道德规范，是一项新课题、新任务。浙江在推动高水平文旅融合、建设共同富裕示范区的进程中，以解码文化基因为切入点，为构建中国文化基因理念体系提供地方经验。

研究浙江文化基因，就是对披着传统文化外衣的各类庸俗低俗的迷信活动加以甄别，科学分析，正本清源。以挖掘、激活浙江的优秀文化基因为抓手，推进文旅深度融合；有机整合乡村文化礼堂、农家书屋、场馆院团、城市书房等城乡文化资源，丰富群众文化活动。拓展新型公共文化空间，持续推动优质文化资源直达基层。为人民群众创造一个良好的文化大环境，强化文化自觉和文化自信；为浙江文化高质量传承发展厘清路径，为新时代浙江发展优秀的社会主义先进文化打好基础。文化兴则国运兴，文化强则民族强。文化基因的研究以及激活应用是浙江建设文化强省的重要切入点，是民智之本、百年大计。

我们要深入学习贯彻党的二十大精神和习近平文化思想，全面挖掘和激活浙江文化基因，推动新时代中国特色社会主义文化建设。以高质量发展为目标、融合发展为重点，紧扣激活优秀文化基因、提供优秀文化产品这个中心，厚植浙江经济社会发展文化软实力。

2024年1月，全省宣传思想文化工作会议提出，要全面贯彻习近平文化思想。浙江作为文化大省，肩负起新时代文化使命，在优秀传统文化的传承发展领域开展了积极的探索。我们要不断学习贯彻习近平总书记关于中华优秀传统文化的重要论述和关于文明交流互鉴的重要论述，让文化基因的研究成果走入校园、走进课堂，成为鲜活的爱国主义教育载体、生动的"课程思政"教育实践、开放的当代青少年国际视野素养培育抓手。将浙江文化基因研究成果制作成微视频"浙江文化基因"课程（双语），通过教育信息技术实现从碎片到整体、从实地到课堂、从单一到系列的 MOOC/SPOC 转换，实现浙江文化基因在青少年群体中的代际传递，助力文化基因融入当代、植根青年，实践出一条富有浙江特色的文化传承发展新路径，为中国"培养社会主义建设者和接班人"这一宏伟目标服务。

若有所成皆非易，凝心聚力要躬行。各地课题组在当地乡土专家和各地高校文史专家的鼎力协助下，进深山到大海，调研足迹遍布海澨山陬。通过田野调查、走访座谈、查阅历史卷宗、参考海量文献，历时五年形成的研究成果，凝聚了全省各地众多专家学者和乡土文化耆老的心血，他们为浙江的文化事业作出了很大贡献。致敬他们文化溯源的热忱，学习他们极深研几的精神，真诚感谢他们无私奉献的情怀。由于篇幅有限，涉及面广，无法一一详列参与者，在此一并致谢！

吴　越

甲辰年秋于杭州